モヤモヤから自由になる！

# 3色カラコロジー

心の元気をシンプルにとり戻す

内藤由貴子

青春出版社

# はじめに…3つの色が、あなたのモヤモヤした悩みを解決します！

「今のままの仕事でいいの？」「恋愛がうまくいかない」「本当の自分を取り戻したい」…などなど。セラピーに持ち込まれるご相談は、実にさまざまです。皆さん、人生の途上で前に進みたいのに、ブレーキをはずせないかのようです。

カウンセリングの際に、色（カラーのボトル）を選んでいただきますが、色は明快にその人のこころの奥まで映します。心理学を取り入れて、10年以上セラピーを続け、わかったこと――それは、どんな色も3原色で構成されるように、複雑に見えるご相談も、根っこでは、たった3つの色に行きつくということです。それをカギに解きほぐせばいいのです。といっても、心理学ですので、その解決は「こんな色の服を着ればうまくいきますよ」というような方法ではありません。「カラコロジー」とは、カラー＋サイコロジー（心理学）のこと。心が発している信号の何色に自分が傾いているかに気づくだけで、そこから望む方向にシフトする方法がわかる、だから自分でもシンプルに解決できるのです。

さて、あなたの心の信号は、いま何色でしょうか？

3色カラコロジー●もくじ

もくじ

### 赤モードをシフト・チェンジ



## 「青」の章――言いたいことが言える・天職に出会える　81

## 青モードをシフト・チェンジ

## 「黄」の章——「自分らしく確かな私」へ　129

## 終章 自分に優しく、やさしく生きる 177

## 巻末付録　より詳しく自分がわかるカラコロジー診断



カバーイラスト　伊東宣哉
本文イラスト　戸塚恵子
本文デザイン＆ＤＴＰ　ハッシィ

# 序章

## あなたの
## シグナル・カラー
## を発見する

カラコロジーが教える
人生を動かす「色」とは

## こころの中がコワいほどわかる「色」のヒミツ

カラーセラピーの多くは、こころ惹かれる色を先に選びますが、この本では、色を選びません。色を選んで自分を知るのではなく、色の言葉に象徴されるこころの状態に、先に触れてしまおうという意図があるからです。

実は、色を選んだから、自分のことがわかるわけではありません。あなたのこころの中の感情や考えなどが、色の意味と響き合うものがあるから、色は、あなたに選ばれていくのです。

専門に学んだ人なら、選ばれた色で、その人自身が表現しきれない、こころの奥まで理解できますが、一般の方々にとって、色から自分を知ろうとすると難しいのです。というのも、どうしても各色の意味を読んで、自分を型にはめたくなるからです。「血液がB型だから、私って、こういう性格」のように…。

たとえば、ピンク。これは、「愛の色」と言われます。だから、ピンクを選ぶ人は「愛を与える人」だと言われれば、間違ってはいません。

ですが、ピンクを選んだからといって、「愛の人」の型に自分をはめて、自分をわかったつもりになると、ちょっと妙なことになります。

なぜならば、ピンクを選んでも、自然に愛を与える人と、頑張って愛を与える人では、こころの中では、全く違うことが起こっているからです。

## 誰もが、自由なようで不自由な世界を生きている

私たちは今、かなり自由な世界に生きているはずです。それなのに、なぜか不自由で、生きることが難しいと感じたことはないでしょうか。

テレビをつければ、仕事に情熱を傾けている人を追いかけたドキュメントが流れてきます。その情熱に共感しつつも、「(それに比べて)私ったら、一体、何やってるんだろう…」と、どこか焦《あせ》りにも似た感情を持ったことはありませんか。

それでいて、生き方の選択肢は無限にあるようで、「実は、ない」と感じている人も多いでしょう。

今まで、私がたくさんの方の話を聞いたことを元に、そのこころのつぶやきをちょっとつないでみましょう。

＊　＊　＊

「なんか、仕事、面白くないし…。実際、向いてないよね、私。今日も、仕事で、失敗やらかして、ダメダメだし…。

だいたいこの仕事、好きじゃないものね。派遣先だから、仕方ないか。

契約期間が終わったら、ここは辞めちゃおうかな。

もっとも、希望しても、向こうが延長してくれないかもしれないけど。

ここは辞めて、また、どこかの派遣先で、とりあえず、つなごうかな。

あ、でも、最近、仕事が減ってるって、ちょっと年上のA子が言ってたっけ。

やりたいこと見つけるまで、って言っていたけど、見つかった様子はないし。

やっぱり、30過ぎると、なくなってくるのかなぁ、仕事…」

「正社員だからって、これ以上、仕事押し付けないでほしいよね。お給料、上がってないのに、仕事ばっかり増えるし…。人を減らしたのは、会社でしょ。なのに、私たちにばっかり、しわ寄せして、まったく…。

結婚しても仕事を続けたいと思っていたけれど、今の会社で、それをやるのは無理だよね…。残業ばっかりで、子供なんてできたら、お手上げだし…。

大体、私、何のために生きているんだろう…。新入社員の時は、これでも、希望して入った会社なんだけどな。入ってみたら、希望の部署じゃなかったし、とにかくやらなきゃいけない目の前の仕事が多すぎて…。追いかけているうちに、自分がわからなくなっちゃった…。休みでも、疲れを取るので精一杯。

辞めてみる？ でも、辞めてどーする。大体、自分、何をしたかったんだっけ」

＊　＊　＊

こんな感じだと、情熱どころか、希望すら、見えて来ないかのよう。これからどうしたら良いのか、未来に不安で、人生が難しく感じられてしまいます。

それでも、選んでくださった色を見て、

「あなたには、そんなにいいところがあるのに、ああ、もったいない」

と思うことが、とっても多いのです。

そうです。誰でもみんな、いいものを持っています。その力を使い、より良い方向へ、スイッチを切り替えてシフトすればいいだけなのです。

## こころの交通整理に必要な3つのシグナル・カラー

自分のスイッチを良い方へ切り替えるために、あなたのこころの奥で、どんな色のシグナルが灯っているのか、気づいてください。

**こころの奥で灯った色を私はシグナル・カラーと呼んでいます。シグナル・カラーは、「あなたに気づいて欲しい！」と注意を促すために灯っただけではありません。あなたのこころの交通整理をしてくれるのです。**

シグナル・カラーは、よくご存じの**赤・青・黄色**。

信号の色であるだけでなく、すべての色の元になる、3原色です。それでいて、他の色が混ざっていない、ピュアな色。そのピュアさが、あなたのこころの交通整理をして、人生をシンプルにしてくれるのです。

世の中には、3つで語れる単位があります。上・中・下。右・左・真ん中。そして、赤・青・黄色。どんな色も、基本の3原色に分解されればシンプルになるように、あなたのこころの色が**3色のどれかに偏ったために、不調和が起きている**と気づくだけで、自分で状況を解決できるようになります。

生きにくい、生きるのが辛い、生きるのが困難だ…その生きにくさは、あなたの持っている3つの色の性質のどれかが、たまたま過剰に現れたばかりに、あなたがこころ軽やかに生きることを、邪魔しているのです。

つまり、こころが交通渋滞を起こしてしまっているのです。

ここで、ある色の性質が偏って起こっている状況を「(〇色)モード」、偏りを本来の生かすべき質へと切り替えることをシフト・チェンジと呼ぶことにします。

こころの奥でひっかかった何かは、どうすれば取れて、あなたの生かすべき質へとスムーズに流れを作れるのでしょうか。

ここでは、色を選ばない代わりに、次の質問に答えていただきましょう。

それでは、スタート！

## こころのシグナル・カラーチェック

次にあげる9個の質問に答えてください。
当てはまる　◎
どちらかと言えば当てはまる　○
当てはまらない×
をつけてください。

CHECK

A
□人に喜んでもらえると、またやってあげようと思う。
□自分をわかってもらえないと、ムカッとくる。
□自分はダメだなぁ、と思うことがよくある。

B
□物を捨てられないで、溜め込んでいる。
□考えたことを口に出して、表現することが苦手だ。
□頼まれたら、やりたくないことでも断れない。

C
□自分がうまくできているのか、人に見られている気がする。
□何かを選ぶ時、迷うので、必ず誰かに相談をする。
□自分のことが自分でもよくわからず、自信がない。

**◎は　5点　○は　3点　×は　0点**

それぞれの点数を合計します。ABCどれがいちばん高得点でしたか？

**Aは、赤……□点**
**Bは、青……□点**
**Cは、黄色……□点**

各色、15点が満点ですが、**8点以上あったら、その色の性質を多く持っているる**と思ってください。総得点は全色満点なら、45点です。

総得点が30点以上あった方は、心のシグナル値が高め、つまり警報が鳴っています。すんなり生きられないような感覚もお持ちかもしれません。

しかし、それだけ潜在力の大きな方です。シフトチェンジ後、「あのころは、こんな風になると思わなかった！」なんて、過去を振り返る方も多いのです。

どの色にもチェックが入る可能性がありますが、ポイントの高い色は、ここに止めてください。赤の章、青の章、黄色の章については、あなたのポイントが高かった色から読んでもかまいません。

なお、黄色が高ポイントの方は、実は、赤も青の要素も関係がありますから、併《あわ》せて、赤と青も読むことをおすすめします。

すべての色に同じように高い点が出る人もいらっしゃるでしょう。

その場合は、赤から順番に読んでいけばＯＫ。どの色を読むか読まないのかはご自由ですが、０点でない色はぜひ一度、目をお通しください。

なぜなら、どの色も、何らかの関係がある人が多いのです。シンプルなだけに、それらの要素が、互いに関係しあうことが、ほとんどなのです。

なお、「そんなに数値が出なかった…」「別に…」と言う方もいるでしょう。そんな方には、周りにそんな人がいないか思い描いて読んでいただくと、きっといるはず。その人の理解にお役にたつでしょう。

各章はその色モードの人に、ありがちなことをまとめました。それが、あなたの人生を難しくする、理由です。

ちょっとイタイな、と思うくらい核心に触れることがあるかもしれませんが、それは、あなたを否定するのではなく、たまたま、ちょっとそのモードにはまっているだけだと気づいていただけるでしょう。

「あ、今、黄色のモードにはいっているのね。それなら、こんなことを意識しよう」「どうも、赤モードだわ」「最近ちょっと青っぽいかなぁ」と、色のシグナルをキャッチし、そのモードから離れることを意識する。

各色の章の後半には、そのモードからシフトチェンジする方法をまとめました。やっていただくと、少しずつその色の美しい質が生かせ、少しずつ生きることが易しくなり、自分にも優しい人生になっていくのです。これは、こころの渋滞の交通整理法です。偏った状態からシフトすると、こころの滞りが解消され、色の美しい質が表現され、自然に人生の流れができます。

もっと生きることが易しくなり、あなたが、優しく感じられる人生へシフトできれば、よりあなたらしく生きられます。

ここで行うアプローチは、3原色だからこそ見える、シンプルさを使います。シフト後、色別にどんな具体的な質が現れるのか次の項目でお伝えしましょう。

## 【赤・青・黄色】それぞれの色が教えてくれること

さて、シグナル・カラーは、いわゆるその人の本質を表わす「魂の色」ではありません。あなたが今、何に取り組むべきなのかを教えてくれる、あなたのこころの交通整理役。各色の交通整理の簡単な内容をお伝えします。

・**赤モード**は、赤信号。「イヤ!」「来るな!」「止まって!」と、押し返す感覚です。通らせてくれません。赤信号点滅状態はそんな、〝拒否〟が度を超した状態です。その「イヤ!」と言う対象は、外側のものだけではなく、自分自身も対象になります。「愛」が関係することも多いです。愛に「来るな！」と言っているとしたら…。愛に飢えることになりますよね。

シフト後 交通整理が済むと、ありのままを見つめる客観的な態度によって、やみくもに押し返すことがなくなります。愛も受け取ることができるようになり、内面から満たされてきます。

・**青モード**は、青信号。「進んでいいよ」「イエス！」と自分に「どうぞ、いらっしゃい」と受け容れます。結果、パンクするほど満タンに。しかも、受け容れたものにしがみつきます。自己表現や、仕事関係に関係することが、多い色です。

シフト後 交通整理が済むと、やみくもに取り入れる必要がなくなり、おおらかに、人生の流れに身をゆだねられ、こころ穏やかになります。

・**黄色モード**は、黄色信号。赤のように止まるのか、青のように進むのか、選べない混乱で、思考停止。自分を見失っている可能性に対し、警報が鳴っています。自分がどうしたいのかに気づき、自信を持つことに関係します。

⬅

シフト後 黄色の交通整理では、赤のように「いらないもの」と、青のように「いるもの」がはっきりし、人の意見を気にせず、自分が選べる意志を持ちます。そのことで、自分自身がどういう人間かわかって、自信がつきます。

たった3色ですが、このシフトを体験して、結果として、「あなたという存在の奥に、隠されたたくさんの宝を、お見せすることができればいいな」と願っています。その時、少しでも、あなた自身が納得できる何かに触れたと感じてくださったら、とてもうれしいです。

あなたが潜在的に、もっともっと伸びしろがあるにもかかわらず、伸ばすことを妨げるあなたの中の何かを解放することに意味があります。

あなた自身を縛っていたものから解き放ち、そのモードをあなた自身でよりよい流れに変えて、シフトできるよう、サポートすることが、この本の意図です。

モードからシフトへ。あなたは、あなたの人生の主役です。シフトをして、今の想像を超えて真に満足できる人生ストーリーを主役であるあなたが実現してください。色は、あなたの人生を演出するでしょう。

なお、この本には、たくさんの登場人物がいます。いずれも、仮名です。似た内容の複数の方のお話を元に、再構成しました。いくつかは、私の講座で、ご縁のあった生徒さんの例をいただきました。もしかしたら、あなたに似た人に出会うかもしれません。

では、あなたの色のストーリーを、お楽しみください。

# 赤の章

## 愛いっぱいの
## 大好きな自分になる

## あなたの赤モード度をチェック

赤は、赤信号のように、**止まれ、No！ ダメ！ というサインを送る色**です。

あなたの赤モード度について、さらに探るため、次のチェックをしていただけますか（ここで言う赤モードとは、赤の性質が過剰に偏って出たために、注意信号が点滅している状態です）。

※当てはまる ◎・どちらかと言えば、あてはまる ○・あてはまらない ×

CHECK

① □自分とあまり能力に差がない人が活躍すると、「なんであの人が…」と思う。

② □家族（親・夫／妻・子供）に、先回りして気遣っている割には、あまり感謝されていない。

③ □自分の仕事は助けてもらえないことが多い。または、良かれと気を回し

てやった仕事に気づいてもらえず、へこんだことがある。

④□親が、自分のすることに口を出し、世話を焼きたがることが多かった。

⑤□パートナーが喜ぶと思って尽くしたのに、相手から去っていった。

⑥□「お礼に」と、プレゼントをもらった時、受け取るのが申し訳ないと思う。時には、同額程度のお返しをしてしまう。

⑦□親は放任主義だったので、親に相談することはあまりなかった。

⑧□仕事で上の役割を与えられ「私より他の人に…」と遠慮したことがある。

⑨□なんとなく今の人と付き合っている（結婚した）が、本当の相手は、違ったと思うことがある。または、本命は別の人だったが、最初からあきらめた。

⑩□なりたい自分になりたい。

◎は2点、○は1点、×は0点

チェックの結果は、いかがでしたか。

この先、少しずつ、質問の意味が見えてくるようにお話ししていきます。

## 「赤」のポイント診断

「ポイントが思ったよりも高かった」人もいらっしゃるでしょう。質問を読むうちに、お持ちだった「赤」の印象と違うと感じた方も多いと思います。

20点満点ですが、10点以上ある方はかなり赤の性質に偏っている状態（赤モード）で、人生の難易度が高めになると思われます。シグナル・カラーチェックで赤の点数が高く、こちらのポイントが低めなら、実生活で気づけていない潜在的傾向としてお読みになればOKです。

①②③④は、何らかの反発や不満、怒りがあります。

しかし、⑤や⑥のように、気配りや遠慮すること、相手を思うことが、問題になるのか、不思議に思う方もいらっしゃるでしょう。

⑩に至っては、なりたい自分になっていけないの？　と思われると思います。

実は⑤～⑩は愛と自己評価に関係します。

赤が持つ性質は、きわめてシンプルに言えば、内側から外側へ向かうこと。たとえば、何か強い思いを行動という形で、エネルギーを外に向ければ、人はその人を「情熱的でエネルギッシュだ」と言い、魅力を感じるでしょう。あふれるように、自然に愛を与える人もいます。これも、内側から外側に向かっています。それもまた、赤の持つ性質だと言えます。

一方で、相談の現場で気づくのは、その内側から外側に向かう性質が、生きる難易度を上げる赤モードに偏っている人が多いことです。

先にお断りしておきますが、赤なら「悪い」とか、「人生がうまくいかない」ということでは全くありません。そこに、イイもワルイもありません。

赤は赤。それだけです。

その赤を「その人が自分の宝物のような質」として使えるよう、シフトしていただきたいのです。そのために、ややこしくしているものの正体が何であるかを知っていただくことが、本書の目的です。

具体的に語る前に、少しだけ「赤」の体験にお付き合いください。

## 自分の持っているものが見えなくなっていませんか？

26才の会社員、万理さんは、初めて私の生徒さんとしてお会いした頃は、何か言っても、「別に…」とか、「いえ、特に…」という答えがほとんどでした。

こちらが話したことをただ、押し返してくる感じです。彼女が真っ先に選ぶ色はいつも「赤」。赤は、彼女の反応と、どう関連するのでしょうか。

「赤」を学ぶ授業で、私はよく、赤い布を受講生の前に、急に近づけることをします。そんな風にして、赤を感じてもらうのです。

赤い布が近づく瞬間、ほとんどの人が、からだを後ろに反らせたくなります。お手元に赤い布があれば、ぜひ自分に急に近づける体験をしてみてください。「赤」が近づくと、迫るような感じや、熱さを体験したと感想をもらいます。

そんな「赤」に、人は攻撃性を感じます。すると、「逃げたい」という本能が刺激されます。それが、からだを反らせる反応になるのです。

一方で、闘牛の牛さながらに、闘おうとするかのように赤に向かう人も、わずかながらいます。これも、赤の攻撃を押し返すことで、自分を守るためです。「闘うか、逃げるか」。赤は、そんなサバイバルな本能を刺激するのです。

ここで感じていただいたのは、赤は内側から外側へ向かう色だということ。これは、ベクトルの矢印が、外へ向かっていることをさします。

この**「内側から外側へ」が、赤の持つ基本の性質**と把握してください。

「赤」と言えば、「赤信号」。赤信号は、「ストップ！」のサインを出します。それは、道を渡ろうとする人に、「来るな！」「Ｎｏ！」と伝えます。

この「Ｎｏ！」が、「赤」モードの中心です。ベクトルは、外向きの矢印です。意識は外側ばかりを見ているので、自分が持っているものが見えません。

そこで、「赤」の押し出す状態を人の意識にすると、こんな反応で現れます。

- **誰かが「何か」をその人に与えようとすると、いきなり「Ｎｏ！　そんなものいらない」「イヤッ！」と、はねつけます。**
- **「あなたに良いものよ」と差し出された「何か」を押し返し、「私の欲しいのは、**

**そんなものじゃない。私のこと、わかってないのね」と、反発します。**

意識が常に外側を向いていますから、自分がすでに持っているものは、気づかないか、嫌いです。

この「内側から外側へ」を体で表現すると、腕を前に「えいっ」と突き出す感じになります。自分から外に向かって。

それは、「来ないで！」「やめて！」「Ｎｏ！」という、強烈な反発と拒絶の意志表示です。やってみると、胸の奥がざわっとし、何かに「Ｎｏ！」と拒絶している気持ちになる人がいます。何を拒んだのか気づけたらいいですが。

冒頭の万理さんですが、赤モードが美しい赤の質にシフトし、今では相手への思いやりに満ちた人になりました。それは万理さんの中で、拒絶したものを見つめる機会があったから。押し返す言葉は、子供の時の父親の言葉の攻撃をかわすためでした。

赤モードからシフトする方法は、赤の章・後半で、お伝えしましょう。

## 「満たされない…」こころの乾燥警報が、鳴っています

赤の持つベクトル、矢印は、外だけに向いています。

自分の外側の誰かが「あなたにあげる」と言ったら、「それ、私いらない」とみんな押し返してしまう、ということは、仮にその「赤」の性質100％ですと、すべてがＮｏ！　すべて嫌いなので押し返して、反発をして、何も受け取れない状態になっています。

「だって、私の欲しいものは、（外側にある）ああいうもので、（あなたが、くれると言う）それじゃないから」ということを続けていると、どうなってしまうでしょうか。

自分を満たせないので、自分の中は、スカスカになってしまいます。

とりわけ、大切な「思いやり」や「愛」もスカスカです。

「愛」は、こころにとっては潤いです。しかし、この外向きの矢印に従うと、

**愛でさえ、やって来るたびに、「そんなのイヤ。私が望む愛とは違う」と、押し返してしまいます。その結果、「愛」を満たせず、飢えてしまいます。**

矢印が外向きということは、「受け取らない」ことを意味するからです。

そして、愛に飢え、こころは渇き、常に満たされません。

からだを養うのはご飯ですが、愛はこころに滋養を与える大切なもの。

仮に100％、受け取れないなら、ご飯も口にできず、「愛」も得られません。

でも、何気なく、これに似たことをやっていませんか。

たとえば、「助けましょうか」と差し出された手を、「いいえ、自分で、できますから」と振り払うのは、その手を押し返しています。

「No！」と拒否してないとはいえ、これもまた、受け取ってはいません。

もし、あなたが満たされてない感じがあるのなら、受け取れていないのかもしれません。今、こころの乾燥警報に気づくタイミングなのかもしれませんよ。

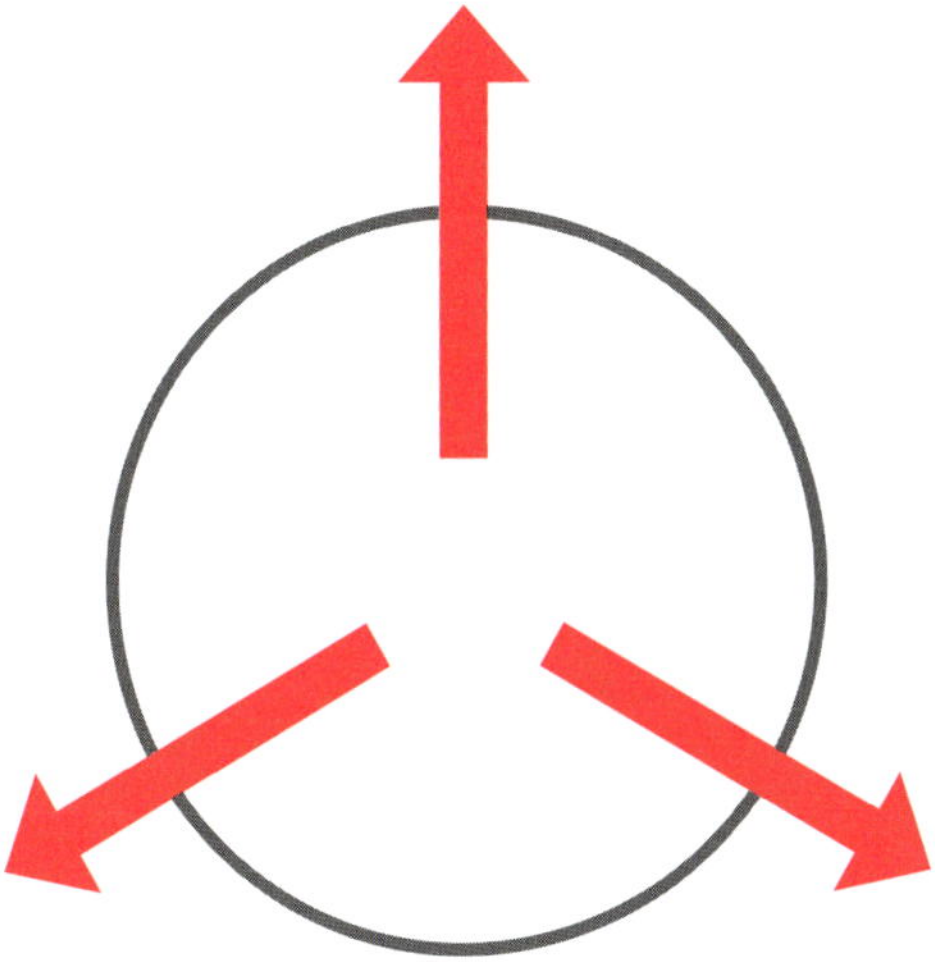

赤は矢印が外向きになる

## 「怒り」という感情の奥を探ってみると…

仏教では、三毒として知られる3つの苦しみ、つまり、煩悩の根源を「貪・瞋・痴（とん・じん・ち）」であると言っています。瞋《じん》とは「怒り」のことです。人間の根源的な苦しみをつくる「毒」の1つが「怒り」だと、ブッダも説いたわけです。ブッダの時代からずっと、人間は怒りを持て余しているようです。

人はなぜ、怒るのでしょうか。

**怒りというのは、相手の行動などに反発し、「Ｎｏ！」と言う感情なので、赤モードと連動します。**「私が望んでいるものではない」という気持ちの反映です。

たとえば、ちょっとご機嫌ナナメな彼女に対し、彼が機嫌を直してほしいと何かプレゼントをしたとします。しかし、そんな彼に対し、かえってカチンと来た彼女の怒りの感情（こころの中）を翻訳すれば、こんな風になります。

「私は、ああいう優しい言葉が欲しかっただけで、そんなモノが欲しかったわけではないのに。あなた、ちっとも私の気持ちをわかってくれていないのね…」

「ああいう優しい言葉」（ほかのカップルが交わした会話か何かで、「いいな」と本人が思った言葉）は自分になくて、外側にあるもの。「そんなモノ（プレゼント）」とは、自分にやってきたモノ。

でも、彼女は、彼の「気持ち」すなわち「愛」を望んでいました。それを彼がモノで機嫌をとろうとしたので、かえって彼女は、怒ってしまったのです。

つまり、自分が満たされたかったこと＝「愛」が、やって来ないために、怒りで反応したのです。さらに、最も自分をわかってほしい人に、わかってもらえなかったという「満たされなさ」は、とりわけ複雑な怒りになります。

理解されたら、それは、「愛」。彼女は自分を受け容れてほしかったのです。

彼が自分の理解者なら、自分を受け容れてくれるはずなのに、くれなかった。

最愛の人である彼にも受け容れてもらえない自分は大丈夫？　と、自分が自分を受け容れられなくなります。自分に「Ｎｏ！」と怒りをぶつけるようなもの。複雑な怒りとは、そういう意味です。

過去に、**あなたが怒りを感じた時、あなたが満たされなかったのは、本音は、何か違うことを期待していたからではないでしょうか。**

## 人生を難しくする「怒り」のパターンは2つ

ここまで、「怒り」の奥を探ってみました。まとめると、大きく分けて「怒り」のパターンは2つです。

**①「求めたものが来ない」という反発による怒り。反発により、求めたものを受け取れない飢餓感を引き起こします。**

**② 求めたものが来ないので「私は、人に受け入れてもらえないような存在なのだろうか」という疑いが自己否定を招き、今度は自分に向ける怒り。**

つまり、先に自分が相手に怒って反発したものの、相手がその意味をわかってくれない満たされなさが、自分への怒りとなる**「怒り返し」**です。

少年時代には暴走族のリーダーだった、ある俳優さんが、その時の荒れた気持ちをテレビで語っているのを聞いたことがあります。

「あの頃の自分は、『自分が愛されない』と思い込んでいたんですね…」。

さらに、①や②の怒りが処理されきれず、蓄積されたまま、常に出口を探しているような場合があります。本人は、無意識なのですが、あえて言えば、「怒りたがっている」。つまり、「怒り、先にありき」の状態です。

いつもイライラし、出口になるきっかけさえあれば、何にでも怒るのです。

例えば、駅ですれ違いざまにちょっとだけ肩をぶつけられた人が、相手を声高になじる…なんて光景を見たことがありませんか。

その場合は、「よくぞ、ぶつけてくれたな。これで怒れるぞ」と出口を求めている怒りが、その人にささやいたのです。

たとえば、ちょっとしたことで、子供を怒ってしまう親。

すぐに部下を怒鳴《どな》る上司。

相手を怒ることで優位に立ち、「自分は正しい！」と確認し、自分を否定するエネルギーを減らそうとしているかのようです。そんな隠れた動機があるので、そんなふうにその人を怒鳴って叱責《しっせき》したところで、解決にはなりません。

しかも、②と同じで、怒るたびに自分を否定。自分を傷つけていくのです。

## いつの間にか「私ってダメね」と言っていませんか

さて、日頃、クライアントの方とお話をしていると、自分が持っていないものを挙げる人がとても多いのですが、あなたの場合はいかがでしょうか？

「とりたてて、アピールできるスキルや経験もないし…」というふうに。

実際、長所は挙げられなくても「欠点ならいくらでも」と言う人は多いです。

赤の場合、自分が意識しているものは、常に外側にありますから、自分がすでに持っているものは、良いものと思わず、眼に入りません（ここでいう、「もの」とは、経験や自信なども含まれます）。

そうやって、いつの間にか、自己否定感は作られます。

自分で自分に「ダメ」、「Ｎｏ！」と言っているのと同じです。

中には、ポソリと「私、自分のこと、嫌いなんです」と自分で言う方も。

濃いメイクで、素顔を見せない人もいます。

恋愛でも家庭でも職場でも、人間関係で疲れを感じませんか。

実は、それも自分へのダメ出しが、実際のあなたより、自分のイメージをあなたに低く思わせ、人に対し、気を遣いすぎている可能性があります。

そんな人たちに**共通して現れる色は、赤というよりピンク**。

「ピンク？『赤』の話をしているのになぜ？」と思われたかもしれません。

実は、赤とピンクはもともと同じ色なのです。

絵の具でピンクの色をつくるのに、赤と白の絵の具を混ぜます。つまり、ピンクは「赤」を明るくしてできた色。明るい分、赤を強調したとも言えます。

さてさて、自己否定感は、どんなアクションを起こすでしょうか。

冒頭のチェック項目に挙げた質問の内容が、ここで関係してくるのです。

例えば、「人より先回りして、気遣うこと」。これは、むしろいいことのようです。しかし、その行動は、自己否定感から抜けようと、バランスをとるために、誰かに肯定的な承認をもらう欲求＝「愛を得るため」だとしたら…。

人間関係で疲れるなら、自分にダメ出ししていないか、要チェックですね。

## 「愛」と「自己満足」を間違えないで

さて、あなたは、どんな時に愛を感じますか。

寒い時に、温かなミルクティーを目の前に、すっと置かれた時。

「言わなくても、私が、あったかいものを飲みたいな、と気づいてくれたんだ」とお茶の温かさ以上に、ささやかなその人の心の温かさが身にしみます。

わかってくれる人がいるという安心感。ましてや、悩んでいる時、自分のことを理解してくれる人がいたら、どうでしょう。寄り添ってくれるだけで、そこに「愛」が感じられ、受け止められていると感じます。

人は、愛によって、自分という存在を承認され、受容されていると感じられます。そうやって、人は、自分の存在を肯定され、安心して生きていけます。

一方で、自分という存在を認めてもらいたくて、いつの間にか人は頑張ってしまいます。また、拒絶されるのを避けたくて、無意識に他者を優先します。

そして、自分を受け容れ、愛することが難しい人、つまり自分に×をつけやすい人ほど、愛というガソリンは手に入りにくくなり、さらに外部から調達する必要ができてしまいます。

そして、「あなたがいて良かった」という評価が来ると、また頑張ります。

しかしその評価を受け取ることも苦手なので、愛というガソリンの燃費はよくありません。

ピンクは、一般に「愛の色」だと言われます。もともと、ピンクは赤ですから、外へ向かう色です。そんな愛のピンクは、押し出すというより、自分から外へ「与える」イメージになります。

気遣い、配慮、自分よりも他者優先…時に自分の時間や自分の仕事、お金さえ与え、犠牲にする人もいます。

しかし、裏を返せば、与えているようで、外部調達で愛を受け取ろうとする動機が隠れています。本人は、たいていその動機に気づいていません。

困ったことに、こうした配慮や気遣いは、相手の欲しいものを満たしていないことが多いのです。なぜなら、**出発点が、自分を満たすことが目的なので、相手を慮《おもんぱか》る余裕もなく、自分の思い込みで、ただ与えることに力を使います。**

これでは、**「自己満足」**になってしまいます。

母親が、子供に誤った愛を与え過ぎて、問題になる例をよく聞きませんか。

自分より他者を優先して与えても、相手は、そこまでやってくれていることに気づいてくれません。**思い入れが強い分、自分には、「こんなにやってあげている」感が強まっています。**

そのため、相手の受け取り方と自分の思いに、ギャップが生じます。すると、与えようと頑張れば頑張るほど、皮肉にも、そのギャップを拡げてしまいます。結果として、過剰な配慮は、相手から、うとましく思われてしまいます。

また、他者を優先してばかりでは、自分がつぶれてしまうことがあります。

どちらも、本人がやればやるほど、逆のスパイラルに入り、辛いですね。

## まず、愛を自給自足しましょう

では、そんなに燃費の悪い方法で、自分を認めてもらい、愛を取り入れ、自己肯定感を満たすより、良い方法はないのでしょうか。


ピンクが表わす愛の本質は、「無条件の愛」と言われます。

しかし、頑張って先に与えるのは、「与えたから、自分を肯定してほしい」という隠れた条件があるので、「条件付き」の愛を与えることになってしまいます。

私たちは、「あの人のココはいいんだけれど、こういうところがちょっとね…」とつい良い悪いで判断しがちです。それは自分の勝手な価値基準の思い込み。「良い」とか「悪い」とか判断しなければ、「ありのまま」です。「無条件の愛」とは、ありのままを受け容れ、愛することなのです。ですから「見返りを求めない愛」とも少し異なります。

それは「良いところも、悪いところも受け容れる」という意味ではありません。**「ありのまま」とは、そこに、良いも悪いもない、**ということ。

でも、自分を愛することが難しい人は、「ありのまま」は、「悪いところ」を見るようで、とても抵抗を感じます。

完璧な無条件の愛なんて、神さまのような愛。ですから、簡単にはできません。

「あ、今、こんな私じゃダメ、と思っちゃった、ありのままの自分を受け容れてないってことね」と、まずは気づくことから始めればいいのです。

ありのままを意識すれば、自分を受け容れられるようになっていきます。
そして、赤モードからシフトすると、自分を大好きになります。
そのための3つのステップをご紹介しましょう。

**第一ステップ　自分が自分を愛すること**。つまり、「愛の自給自足」です。
自分で自分自身に愛を与え満たせれば、他から調達する必要がなくなります。
そのために、まず「自分にダメ出しする」ことをやめましょう。

**第二ステップ**　愛を与えてもらおうと、頑張って人に与えなくても、自分が満たされれば、自分の愛は自然に人に向かうようになります。すると、**愛は外からも、自分に与えられている**と気づけるでしょう。

**第三ステップ　やって来る愛を受け取ります**。ただ受け取ればいいのです。
あなたは、もともと愛される存在です。受け取ることに遠慮はいりません。
受け取られた愛は、あふれるように、自然に周りに与えられます。
この三つのステップが、自分を受け容れ、愛するステップです。

もし、今、自分を否定するならば、それは愛される存在と知るレッスン中なのです。愛を自らに与えるためのレッスンは後半でご紹介します。

## 自分が幸せになることを許して下さい

ありのままの自分を愛することを邪魔するのが、自己否定感。これは、怒りから起こる場合があることを、先ほどお伝えしました。

もちろん、原因は、怒りばかりではありません。

実は、自己否定感に、何かしら罪悪感が隠れていることも少なくありません。

なんだか申し訳ない気持ち——自分が失敗して、周りに迷惑をかけたような時、味わった気持ちに似ています。すると、自分で自分を罰したくなる、厄介《やっかい》な心の動きが生じます。償《つぐな》わなければならないような気持ちが、自分が幸せになることを許してくれません。

「幸せ」と並んで、「愛を受け取ること」や「健康」も、自分で禁止している例があります。意識では、愛や幸せを望んでいながら、無意識では、償うべきことと矛盾しないよう、幸せや愛を邪魔する、なんてことがあるのです。

実は、罪悪感には、根拠がないことがほとんどです。その人が、償わなければならないような事実はなく、勝手に作られてしまったケースは多いのです。

例えば、幼少の頃、大きな病気やけがをして、痛い思いや辛い体験をした場合。「自分が悪い子だから、罰を受けたんだ!」と無意識にインプットされ、罪悪感になることも。もちろん、そんな病気やけがは、小さかったあなたへの罰ではありません。罪悪感は不要なのです。

また、大人から無責任に「あなたのせいで…」「あなたがいなければ…」と言われた場合や、存在を無視された場合も、その子が悪いわけはありません。

なのに、目の前に幸せや愛があっても、罪悪感が、愛を受け取らせない、自分を愛させない、自分を否定する。なんて理不尽なのでしょう。

ですから、**罪悪感があったとしても、あなたは、悪くないのです。**

自分を否定する理由がないのですから、罪悪感のような無意味な縛《しば》りから、あなた自身を解き放ってください。

そして、それでも、頑張ってきた自分を愛してあげましょう。

## 「なりたかった自分」を超えていく

「なりたい自分になる」という言葉はとても前向きな言葉に聞こえませんか。

でも、この言葉を裏返すと「今はなりたい自分から遠いよね」となります。

「なりたい自分になる」という言葉には、二つの方向があります。

一つは、何か夢を持っていて、それを叶えるために頑張っている場合。

例えば、「将来、おいしいケーキのお店を開き、みんなに喜んでもらいたい。だから一流のパティシエを目指して今は、洋菓子店で必死に修業中！　そのうち、パリのお店に勉強に行くんだから」という場合です。

二つ目は、マスコミなどで話題の輝いている人のように「なりたい」場合。望む生き方を象徴する人と同じライフスタイルを真似る人もいます。仕事を通じて自己実現している人。仕事ができる身近な存在かもしれません。

あこがれのタレントのヘア・メイクを真似、ダイエットする人もいます。

真似したいと強く思うモデルはいなくても、魅力的な未知のなりたい自分像をあれこれと模索《もさく》する人もいます。

たとえば、新しい仕事のライセンスを得て、「スペシャリストになる」。おけいこ情報誌には、「なりたいあなた」を誘うような例が、たくさん載っています。

一つ目と二つ目のケースは何が違うのでしょうか。

一つ目は、今の自分を否定するケースではありません。修業中のパティシエさんにも、なりたいと思う先輩パティシエさんが、きっといることでしょう。「今は、とても先輩のようになれない」と、自己評価は低いかもしれません。

しかし、この場合、最初は、先輩の真似から入っても、真剣に取り組むうちに、「私ならこうする」という世界を見つけ、先輩とはまた違う世界を拡げます。やがて、こういうケーキなら、この人しかいない！　と言う評価を得られたら？

それは、**なりたかった自分を超えていくこと**。目的が先輩のようになることではなく、おいしいケーキを作って人を喜ばせる人になることだからです。

二つ目は、どうでしょうか。

ここで取り上げた「なりたい自分」とは、最初から「自分」ではない人のことです。だから、その人にできて、自分にできないことばかりが目につき、「いつまでも、自分はあの人のようになれない」と自分を否定することに…。

その人と同じになりたくても、違う人生を生きている人のこころの奥の何かまでは共有できません。**あなたの人生は、その人とは違うので、なれなくて当然なのです**。

輝いて見えるのは、その人が、「自分を生きている」からではないでしょうか。真似るとしたら、そこだけでいいのです。

今、なりたい自分を探している人も、何かのきっかけで、5年後、あるいは10年後、「あのころの自分からは、今みたいな自分になるなんて、想像できなかっただろうな」となりたい自分を超えることは、可能なのです。

赤モードでは、自分の外側のイメージは○で、自分の中のものにダメ出ししがちです。それでは、「自分を生きて」伸びる可能性の芽が摘まれてしまいます。なりたい自分を追いかけて、自分を否定していないか、振り返ってくださいね。

赤モードをシフト・チェンジ

## シンプルに「怒り」を自分の中から抜いていく

蓄積された怒りが出口を求めていることがあります。

日頃、イライラすることが多い、つい、とげのある言葉を使う、そんなふうになっていたら、要注意。怒りが溜《た》まっているかもしれません。

それならば、自分を愛する準備運動として、てっとり早く、怒りのガス抜きをしておきましょう。

とても簡単な方法です。

家にある、新聞や雑誌などを丸めて筒状にします。あまり厚い雑誌はやめましょう。新聞のインクで汚れるのが気になるようでしたら、広告用紙を数枚まとめて重ねても構いません。

クッションなど、叩いても問題ない、柔らかいものを用意します。

家族であっても、人目のない時にするのをおすすめします。

そうです。新聞を筒状にしたもので、そのクッションを、思い切り、ばつん、ばつんと叩《たた》いてください。

叩くうちに、奥から、怒りが込み上げてくるように感じられることがあります。誰かのことを思い出す場合もあります。そうなったら、半端《はんぱ》に終わらせず、イイと思えるまで、叩ききってください。「コノヤロー、コノヤロー」と言いながら叩いてもかまいません。そして自分の怒りの量を減らしていきます。

終わったら、窓を開けて、風を通し、怒りの波動を部屋から抜いてください。

叩きながら、気づいたと思います。それだけ、溜まっていたとしたら、自分にいい影響を与えるはずがありません。抑え込んだ怒りは、自分に「怒り返し」をして、どんどん自分に×をつけ、自分を傷つけていたのですから。

**ポイント** **肯定的な自分を保つには、日頃から怒りは溜め込む前に解放する**

# いったん、対象から離れて見る

赤の持つ性質は、内側から外側へ向かいます。さらに、ストップ！　と言って来たものを押し返したら、相手からも、また押し返されてしまいます。

それでは、怒りなら、怒鳴り合いのようになります。

そうならないために、多くの人がすでに使っている方法があります。

それは、すぐに言い返さず、一息、おいてみることです。

赤い布が、急に近づくと、人は一瞬、からだを反《そ》らせます。逃げるのに似ていますが、むしろ、対象から少し離れて見る時間をちょっと入れたのです。

これが、すぐに「Ｎｏ！」の状況を変える基本です。

少し離れて見るというのは、客観的、つまり、「ありのまま」を見ることです。

そこで、イイかワルイか考えず、ありのままを一度、よく見てみましょう。

自分に対して「Ｎｏ！」、つまり「×」をつけた場合も同じです。

つい、「自分に×をつけたな」と思ったなら、×をつけたところの「ありのまま」を見るのです。

たとえば、仕事で、たまたま人よりかなり時間がかかった場合。「私ったら、何でこんなに人より遅いのかしら」と、自己嫌悪で自分に×をつけてしまったら…。

ここで×にした対象に気づきます。それは「仕事の遅さ」そのものではなく「私ったら」の「私」。その時、頭の中は「過去×だった私」まで動員され、全否定状態。仕事が遅いことは「私」という存在を否定する理由ではないのに。

あなた自身は、〇でも×でもないのです。それが、ありのまま、つまり客観的な事実です。

**ポイント　つい自分に×をつけたら、判断を止め、「ありのまま」を見直す**

## 「怒り」を「許し」によってフッと解放する

対象から離れて、怒りの感情を解決するには、どんなふうにすればよいのでしょうか。ある28歳の会社員の女性、孝子さんの場合を例に挙げてみます。

「私の母は、何かと言えば、私に干渉してくるし、してほしくない世話ばかり焼いてきました。その割に、本当に私が望んでいることには、ちっとも気づいてくれなくて…。そんな母と一緒にいると、頭にくるし、イライラすることばかりで。それに本当の自分を失っていくように感じました。たまらずに、学校を卒業するとさっさと家を出てしまいました。そんな母をまだ、許せません」

そこで、「対象から離れていただく」ために、こんな質問をしてみました。

「お母さんは、孝子さんが生まれた頃、どんな状況でしたか。たとえば、結婚してなじみのない土地に来て、周りに家族やお友達がいなかったとか。お父さんも忙しくて、お母さんをあまり、かまってあげられなかったとか…」

「そう言えば、父の仕事の関係で、結婚してすぐ、誰も知る人がいない東京に来たそうです。父はその後、仕事がかなり忙しくなり、遅く帰る日が続いたみたいで」

「なるほど…。そんな環境で、あなたという赤ちゃんが生まれてきた。そうしたら、お母さんにとって、孝子さん、あなたは、どんな存在になるでしょうか」

「あ…」と孝子さんは小さく言った瞬間、涙をぽろぽろと流し始めました。

「母のこと、わかったような気がします…」とおっしゃいました。

この瞬間、孝子さんは、怒りから解放されました。そして、お母さんを「許せた」のです。孝子さんを縛っていた怒りという鎖からも自由になりました。

ここでは「過干渉するお母さん像」という固まった母親のイメージに、客観的な視点を持つことができて、孝子さんにも、お母さんへの理解が生まれました。怒りを超えた「許し」。怒りはお母さんへの「愛」に変わっていったのです。

**ポイント** **距離をとって相手の状況を理解すると、怒りは許しと愛に変わる**

## 責めていた自分を赦《ゆる》す方法

自分が自分を否定するのではなく、他者からもらった「Ｎｏ」の評価によって、自分を責める場合があります。

27歳の会社員、聡美さんは、営業成績は、毎月、達成しているにもかかわらず、上司に、「なんでもっとやれないのか」と始終言われるうちに、電車で会社に向かうと、たびたび途中下車をして、トイレに行かなくてはならない状況になりました。いわゆる「過敏性腸症候群」です。

それがひどくなって、とうとう休職する羽目《はめ》になりました。彼女は、上司の期待に応えられない自分をひどく責めていました。

休職中、病院とは別に、私の所を訪れた彼女は、過去から、自分自身を見つめ、仕事で多忙なあまり、大切にできなかった自分に気づきました。

そして、会社から少し離れたことで、自分自身を取り戻せてきました。

もう通勤途中で電車を降りてトイレに駆け込むこともなさそうだと、復職のため会社に面接に行くと、上司は相変わらずの人でした。

ところが、その時、久しぶりに会った同僚から、自分と同じ悩みを打ち明けられ、自分だけが、そんな思いをしていたのではなかったことに気づきました。

さらに、人事の担当者が「ああいう人ですからねぇ」と上司のことを言うのを聞き、会社も、その上司を「部下への繊細な配慮に欠ける人」と捉《とら》えていることにも気づきました。

実は彼女の仕事は、人材派遣業。扱うのは「人」です。彼女は、モノを売るような感覚で人を扱うことはできず、そんな彼女の感覚を一向に配慮することなく、「数字」を求める上司の要求に、心と体が悲鳴をあげたのでした。

そして、上司のような感覚で営業できない自分を責めていたのです。

しかし、外部からの上司の評価を聞いて、「私が悪いわけではなかった」と会社での自分の状況を客観的に見ることができました。そして、「自分を赦す」ことができたのです。

赤の章

聡美さんのケースは、仕事を離れると元気になる、昨今話題の「新型うつ」とは全く違います。

彼女は、自分から変わろうとしていました。自分に向き合い、もっと自分を大切にするために、休職中に自分自身に戻る時間を得て、状況に巻き込まれない余裕を持つことができました。結果、人の話を聴くことで、自分を客観的に捉え、責めていた自分を赦《ゆる》して解放することができました。

これは、許しと言うより、自分自身を無罪放免にした「赦《ゆる》し」です。

自分の力を再評価できた聡美さんは、

「まだこの会社でも頑張れそうだ」

と復職をはたしたところ、前よりもむしろ営業成績もアップ。意欲的に頑張っています。

**ポイント　他者の目線で客観的に自分を見ると、自分を「赦《ゆる》せる」材料になる**

赤モードをシフト・チェンジ

## 「重い」愛を「思いやり」に変える

32歳の由布子さんは、失恋したと相談にみえました。

「また、失恋しちゃって。それで、別れ際の相手のセリフがいつも同じなんですよ。『君は重い』って。どうしてなんでしょうね」とやや自嘲《じちょう》気味。

それで、別れを言われるまでが、だいたいどんな状況だったのか伺いました。

由布子さんは、彼が喜んでくれることを、どんどんしてあげたかったそう。

相手が一人暮らしなら、家庭料理を作って持っていく。それで彼はとても喜んでくれます。そんなに、喜んでくれるなら、と今度は、彼の家で料理を作ってあげることになり、ついでに掃除などもしてあげるようになりました。

彼はいつも喜んでくれていると思ったのですが、しばらくすると

「なんか君って、重いよね…。ごめん」と言われるパターンが続いたそう。

由布子さんは、大のピンク好き。相談のために、選ばれた色と言えば、ほぼ

オールピンク。ここでもまた、状況を離れて見られるような質問をしました。

「相手が喜んでくれる時、どんな気持ちになりますか」

「それはもう、私がやってあげたことで、相手が幸せになってくれるので、とってもうれしいです。で、またやってあげたくなっちゃう」

「それを何度か続けていったとき、相手の表情がどんなだったかを思い出してください。最初と同じようなうれしそうなお顔ですか」とたずねました。

「え？　あれ？　はっきりと思い浮かべられませんが…。というより、てっきり喜んでいると思っていて…。そういえば、彼のこと、よく見ていなかったかも…」

「思い出したくなければ、無理に思い出さなくてもいいのですが、彼が『重い』と口にした時、どんな表情でしたか」と私。

「え、少し迷惑そうな…。でも、そんな表情はいつからだったかしら…。急に？　違いますよね？　私は、最初に喜んでくれたし、彼のためと思って、うれしいと思って同じようにやっていたのですが、本当は違ったの…？」

しばらくの沈黙の後、由布子さんは、突然、はっとした表情になりました。

「あ…、私、愛されたかったんですね…。彼に認めてほしかったのですね…。私喜んでもらえれば、『彼の役に立てている』と自分が、安心できたから…。私ったら、いつの間にか、そうやって、自分がしてあげたいことや気持ちを、ただ押し付けていただけなのかもしれません。『重い』って言われるわけが、ようやくわかった気がします」

ここまで気づかれたところで、私は、少しフォローに入りました。

「押しつけないようにするには、どうしたらいいでしょうね」

「そうですね。相手の立場になって、今、どうしてほしいか、わかってあげることですよね。たまには、一人にしてあげるとかも」と、由布子さん。

「そうですね。そんなふうにわかってもらえたら、きっと彼は、本当に由布子さんに愛を感じるでしょうね。素敵なカップルになりそうですね」

**ポイント　相手の立場になってわかってあげれば、「愛」を届けることになる**

## 自分を愛で満たす「色彩呼吸法」

愛を自給自足する方法として、ダイレクトに自分でできるイメージワークをご紹介します。

「ポジティブな恋愛サイクル」のためにも、この方法を加えることをお勧めします。先に愛で自分を満たすことができれば、自分を大切にすることができ、そこから生まれた余裕が、相手がどんな状況なのか、理解を助けるでしょう。

自分を愛するように、相手を理解することが、より簡単になるからです。

＊　＊　＊

では、これから、呼吸と一緒に、ピンクの光をイメージしていきます。

もし、アロマを使うなら、少し贅沢なローズのエッセンシャルオイルは素敵です。ローズゼラニウムも、いい香りです。

こころが落ち着くテンポのヒーリング・ミュージックがあれば、BGMに。

用意ができたら、楽な椅子にゆったりと腰をかけ、大きな息をおなかの奥から、ふーっと口からはき出しながら、目を閉じていきましょう。

そして、体の中にあるいらないエネルギーは、ネガティブな灰色のエネルギーにイメージし、おなかの奥から、ふーっとはき出していきましょう。

吸う時は、愛に満ちたピンクの光が、鼻からゆっくりと、おなかの奥まで流れ込むのを感じてみましょう。この呼吸をゆーっくりと、繰り返します。

そして、ピンクの光が肺から血液にのって、全身をくまなく駆け巡るところを想像しましょう。この時、指先が、温かく感じられる人もいます。灰色のエネルギーは息をはくたびに出ていき、こころの内側は、次第に浄化されたように感じます。

そして、ピンクの光は、胸の中央、ハートのあたりにやって来ているとイメージします。ハートの奥まで、ピンクの光が無条件の愛の光になって満ちてくるようすを想像しましょう。

赤の章

あなたのハートの奥まで、ピンクの光、愛の光が満ちてきたら、どんな感じがするでしょう。この上もなく、愛で満たされているように感じてみましょう。しばらくそのまま、ゆったりと呼吸を続けましょう。

＊　＊　＊

いかがでしたか。このように、色をイメージして取り入れながら、呼吸をすることを「色彩呼吸法」と言います。

ピンクの光は、たくさんのピンクのバラの花や満開の桜の花をイメージしても良いでしょう。ピンクの色彩呼吸法で、若返りをした例もあります。うまくイメージできなかったとしても、大丈夫。

やってみたことだけで、自分のために、何かケアしたことになります。それだけで、自分に愛を与えたことになるのですから。

**ポイント　自分を愛で満たすには、ピンクをイメージした色彩呼吸が効果的**

赤モードをシフト・チェンジ

## 「なりたい自分」をやめる

由香里さんが、勤めていた会社を辞めた後に就いた仕事は、主にルーティンワーク。どうにも、やりがいを感じられず、満足できません。

もっと人を幸せにして、喜ばれる仕事がないだろうかと、情報を集めるうちに、キャリア・コンサルタントを目指したいと思うようになりました。

彼女は30代半ば。未経験の仕事はハードルが高く、思うように採用に至りません。そのうち、「もっと、履歴書でアピールしないと」「もっと採用情報を集めて、チャンスを見つけなくては」と、思うようになりました。

「もっと○○しないと」と自分自身を鼓舞《こぶ》し、動くことで、「自分は頑張っている」という感覚が高まりました。さらに、「もっと」を実現しようと、頑張り過ぎるパターンにはまって、次第に、どんどん自分を追い込むように…。

「もっと頑張れば…なる」と言っている状態は、ポジティブな自分。しかし、「なれない」と、やればやるほど、今の自分を否定していくことになります。

当時の彼女は「なりたい自分」にならねば、次の自分がないかのようでした。ところが彼女は、「なんで、こんなにむきになって転職活動しているのだろう」と我に返りました。色について学んでいた由香里さんは、自分を客観的に見ることに気づいたのです。

「そもそも、転職しようと思った動機は、今の会社をとにかく抜けたかったから。それがいつの間にか、自分のなりたい自分像をキャリア・コンサルタントに重ねて、目的がすり替わっていたんだわ」とこころの奥を分析。

かつて自分がやっていた美容のキャリアを見直し、経験を実績として数値化し、技術的な評価をし直したところ、自信を深めることになりました。改めてその仕事をやりたいと再認識した彼女は、今では、独立を目ざし、今の仕事を続けつつ、休日にお客様を迎えて、二足のわらじで活動中です。

**ポイント** **なぜ「なりたい」のかを客観的に見ると、やめてもいいかもしれない**

赤モードをシフト・チェンジ

## なかなか、自己イメージを上げられない人へ

「今の仕事を続けるのが良いのか、悩んでいます」という相談をよく受けます。

しかし、ある24歳の会社員の方に「今のお仕事はなんですか」と尋ねると、

「ただの事務です」という答えが返ってきました。

「事務と言ってもいろいろありますよね？　経理とか総務とか…」

「一応、営業事務ってことですが、要するに、電話番と伝票整理ですっ！」と吐き捨てるようにおっしゃったのです。


こういう場合、「営業マンに代わって電話の受け方でできる貢献や、伝票にある数字から何を見て取れるかで、あなたの可能性は格段に変わるのですよ」と気づいていただければいいのですが、どうもそれが難しそうです。

「今の会社では、私なんて、しょせん電話番や伝票整理くらいしか任せてもらえなくて…」と、やけに自分を否定的に評価しているのです。

「この仕事は向いてないので、他に自分にあった仕事があるのでは?」

と、ご自分では思っているのですが、今、否定的に固めてしまった、自分のイメージを崩さないと、転職しても、おそらく同じことを繰り返してしまいます。

先にすべきは、自分の否定的なイメージを変えること。

自分のイメージを意識的に変える、アファメーションを勧める人もいますが、このタイプの人が使うと、真逆の効果になります。アファメーションとは、「私は成功し、幸せです」のようにポジティブな自分を宣言し、繰り返す方法です。

自己イメージが否定的なまま固まった方が、アファメーションをすると、口に出すたびに、潜在意識が「成功なんて無理、幸せになんかなれるはずない」と真逆の意識を引っ張り出し、かえって自信を失う逆効果になってしまうのです。

そこで、固まった低い自己イメージを変える方法をご紹介しましょう。

**ポイント　自分のイメージを上げるアファメーションは、しないほうが賢明**

赤モードをシフト・チェンジ

## 「言霊」で、愛されて肯定的な自分をつくる方法

「言霊《ことだま》」を使う、と言うと、「これはアファメーションの一種ですか？」と言われることがあります。確かに言葉は使いますが、全く違います。

言霊とは、古来より、言葉の持つエネルギーのことを言います。それを目的に沿うように使う良い方法があります。

次にシンプルなひな型をお付けしますので、このまま使ってかまいません。

使い方は、書かれた文を、ピンクの文字で書き写す方法が効果的です。

その際、ひな型と同じく、必ず言霊全体を枠で囲ってください。言葉は、エネルギーです。枠がきっちり閉じられていないと、エネルギーが漏《も》れてしまいます。

面倒なら読むだけでもOK。コピーして、目に入る所に貼ってもいいです。

自分は愛に満たされている存在であると感じる必要がある。

自分は愛に満たされている存在であると感じる必要がない。

自分は愛に満たされている存在であると感じる必要があるは存在しない。

自分は愛に満たされている存在であると感じる必要がないは存在しない。

自分は愛に満たされている存在であると感じる必要があるにしてない。

自分は愛に満たされている存在であると感じる必要があるにしてないは存在しない。

自分は愛に満たされている存在であると感じる必要があるにしてないは存在しないということも存在しない。

自分は愛に満たされている存在であると感じる必要があるか又はない。

自分は愛に満たされている存在であると感じる必要があるか又はないは存在しない。

自分は愛に満たされている存在であると感じる必要があるか又はないは存在しないということも存在しない。

ありのままの自分を受け容れる必要がある。

ありのままの自分を受け容れる必要がない。

ありのままの自分を受け容れる必要があるは
存在しない。
ありのままの自分を受け容れる必要がないは
存在しない。
ありのままの自分を受け容れる必要があるに
してない。
ありのままの自分を受け容れる必要があるに
してないは存在しない。
ありのままの自分を受け容れる必要があるに
してないは存在しないということも存在しない。
ありのままの自分を受け容れる必要があるか
又はない。
ありのままの自分を受け容れる必要があるか
又はないは存在しない。
ありのままの自分を受け容れる必要があるか
又はないは存在しないということも存在しない。

これは、ナーガルジュナ（竜樹）という仏教の僧が、「中論」という本で説いた、仏教の「空」の理論の超応用法です。

「空」論では、それ自体で存在する「独立した変わらない実体」はないと説きます。裏返せば、「独立した変わらない実体がある」と、思われていることへの反論です。「絶対に確かなものがあると考えるのは、錯覚《さっかく》だ」と言う意味です。

難しくなるので、ここでは、「固定化した概念は、そもそも錯覚なので、それを壊しちゃいましょう」という意図でこれを応用した言霊を使っていきます。

この「赤の章」で使う意図は、「自分は、絶対、ダメな存在だ」「ありのままの自分を愛することは難しい」と、固まってほぐせなくなった感覚を、一度、ほぐして柔らかくし、客観的な自分を見る機会を作ろうと言うものです。

読むとわかりますが、一行目の「・・・する必要がある」と書いた内容が、「自分の望むこと」です。しかし、次には「必要がない」と続き、読み進めると、どんどんわけがわからなくなってきます。すると、最初の「・・・する必要がある」ことが、どうでもよくなっていきます。それが、固まったものをほぐすということです。

この方法で、就職の面接で否定されるのが怖くて、何年も仕事を探せなかった人が、面接に応募できるようになった例があります。他で勧められた、ポジティブになるアファメーションでは、どんどん自己否定に追い込まれ、とても辛くなったと感じたそうです。

「・・・・する必要がある」のは、達成したい目的です。「これを達成しなければならない」という意識を強めることは、自分とその目標一点を直線で結びつけ、その状況に固めてしまうことです。固まったものは、エネルギーが流れにくくなります。

言霊でそれをゆるめてほぐし、エネルギーの通りをよくするわけです。

なお、この言霊法は、私の臨床心理学の師匠でもある、哲学者でホリスティック・セラピストである本宮輝薫氏の考案です。ご了解を得てのご紹介です。

**ポイント　固まった考えから抜けられない人には、言霊法が効果的**

# 青の章

## 言いたいことが言える
## 天職に出会える

## あなたの青モード度をチェック

青は、青信号のように、**進め、Yes、受け容れOK、という色**です。

それでは、「ややこしい人生にさせる青モード」について、さらに探るため、次のチェックをしてみましょう。

(ここで言う青モードとは、青の性質が過剰に偏って出たために、注意信号が点滅している状態です)。

※当てはまる ◎・どちらかと言えば、あてはまる ○・あてはまらない ×。

CHECK

① □言いたいことを言おうとして、こんなことを言っていいのかとためらって、結局、言えないことが多い。

②□ある人に言いたいことがあったが、言えないまま、今になっている。
③□持っていたらいいと思い、資格をたくさん取得している。
④□残業などを頼まれたら、予定があっても断れない。
⑤□「好きな仕事をする」「人生の目的」などの言葉に惹かれる。
⑥□パートナーに言われたことには、ほとんど素直に従う。
⑦□子供の頃、思ったことを言うと親が叱るので、話すことを抑えていた。
⑧□今を変えることよりも、今のままを望む。
⑨□望まれたら、内容に関わらず、相手の期待に応えようと頑張るべきだ。
⑩□何かあったらと思うと、持っているものを捨てるのが苦手である。

◎は2点、○は1点、×は0点

チェックの結果は、いかがでしたか。

次に、質問の意図をお伝えします。そして、青の秘密を少しずつ、解き明かしましょう。

## 「青」のポイント診断

意外な青の質問に、戸惑《とまど》われたかもしれません。

20点が満点です。10点以上の方は、青の性質を多く持っていると言えそうです。シグナル・カラーチェックで青の点数が高く、こちらのポイントが低めなら、実生活で気づけていない潜在的傾向としてお読みになればＯＫです。

④⑥⑨は、Ｙｅｓと言って受け容れることに関係します。

また、③⑤⑧⑩は、取り入れること、場合によってはそれにしがみついていることを表わしています。

①②⑦は、特にコミュニケーションについてですが、アウトプットが苦手で、こころの内側を表現ができないことに関係します。

このような青の性質が、どのように私たちの人生を難しくするのでしょうか。

それをひもといてまいりましょう。

## 「青」が涙になった体験

かつて、あるカルチャースクールの講座で、青と赤、黄色い布を机に置き、「近づきたい色の前に座ってください」という実習をしたことがあります。

その時、最初に青い布の前に座った受講生、春代さんが、しばらくすると涙を流し始めたのです。

私は少し驚いて、こうたずねました。

「差しつかえなければ、涙のわけを教えていただけますか」

すると、次のようなことを話してくださいました。

「この青い色を見ていると、なんだか吸い込まれていくようでした。そうしたら、私は、なんていろいろなことを自分の中に吸い込んで溜めてきたのだろう、と気づいたのです。言われたことに従って、それを吸い込んで、ただただ自分の中にいろいろなことを溜め込むばかりでした。言いたいことも言えず、どんなに無理をしてきたのか。それがわかったとたん、涙があふれてきてしまいました…」

春代さんは間もなく50歳になろうとしていましたが、これまで、専業主婦として家事に子育てに頑張ってきた人でした。

その実習では、赤・青・黄色の3原色と言うシンプルな色にしぼった時、自分がどの色にひきつけられ、どんなふうに感じるのかを体験していただきたかったのです。

春代さんは、そうして青い色の前に座り、青に反応したのです。

実は、この春代さんがお話しくださった体験こそ、青のテーマなのです。

「吸い込まれるように感じた」という、青の性質。

**一般に青は後退色…奥に引っ込むように見える色…**として知られています。

**吸い込む、引っ込む。ベクトルの矢印は、奥へ内側へと向かう色**です。

吸い込まれて、取り込まれたままになる色が青い色。

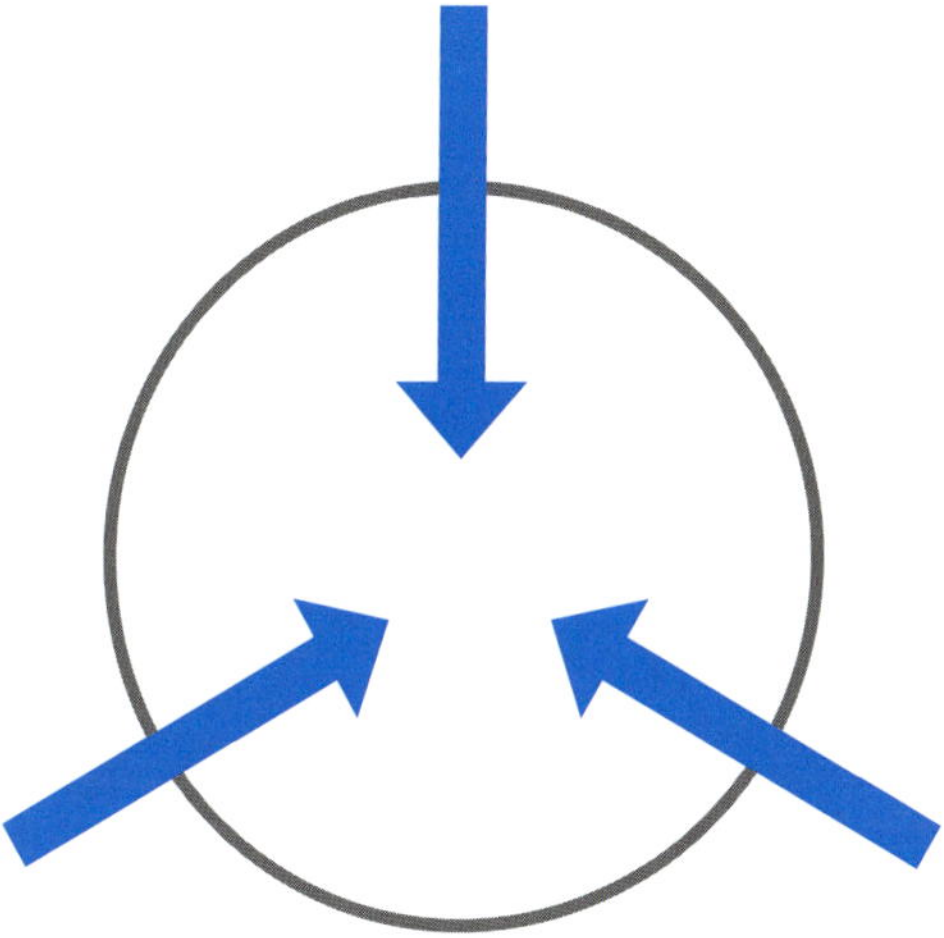

青は矢印が内向きになる

仮に100%青の状況では、与えられてくるものは、その人にとって良くても悪くても、「はい」「Yes」とすべて取り込み、受け容れることになります。

彼女はその時、青を目の前にして、それを一瞬にして体感し、自分の内側に溜めていたものに気づいたとたん、自分自身がどれだけ自分に無理を強いていたのかがわかり、解放が起こったのでした。

おそらく、こころのタンクに処理されずに溜められ続けたものが、満タンになっていたのでしょう。青を前にして気づいたことが刺激になって、あふれかけていたタンクを少し揺らすようなことが起こったのです。

それが、こぼれるように涙となって流れ、解放されたのです。

それから、春代さんは少しずつ変わっていきました。お子さんにも、夫の言うことを全面Yesで従わせていては、子供も自分と同じことになると気づき、お子さんとの互いの理解も進み、いい関係を築き始めました。

青にはこのように「外側から内側へ」の性質があることが特徴です。

# 取り入れ、手放せなくなっていませんか？

青でベクトルが奥へ、内側へという点は、取り込むという言い方もできます。

それは、仏教で考えられている、人の苦しみの元になる「三毒」では、「貪・瞋・痴（とん・じん・ち）」の「貪る」という意味に匹敵します。

青は取り入れようとする色。「貪る」は、がつがつと取り込むイメージです。

そして、取り入れたものは、ベクトルが外に向かわない以上、外に放たれることはありません。取り入れたが最後、それにしがみつくことになります。

「青」という色が持つのは、内向の性質です。

これは単なる性質で、ベクトルの矢印が内側に向かっていることを指すにすぎません。その点では良いとか悪いと言うことは、ありません。

単に、「はい（Ｙｅｓ）」と言って受け容れる、一方向を指しています。

では、問題になるのは、どんなことでしょうか。

冒頭の春代さんは、「はい」と言って受け入れていくうちに、次第にこころの内側が満タンになっていき、次第にそれがあふれそうになっていました。自分の言いたいこと、言うべきことも表現できないので、こころの中が常に詰まったような状態です。言わば、**こころの慢性便秘状態**です。

それでも青信号のように、ただ「進め」と内側へと導き、溜め込んだものが理由で生じた気持ちもアウトプットする機会がなく、パンクしそうになります。他にもＮｏと言って断れず、身体がパンク、つまり身体を壊した人もいます。

では、青モードについてまとめましょう。

ベクトルの矢印が　内側へ向いているので、

・「Ｙｅｓ」と言って、来たものを受け容れる、取り込む、取り入れる

・貪欲になる

・しがみつく（意識は、取り入れたものにしがみつき、外のものを見ない）

これらの傾向はどんなところに現れるのか、いろいろな例で見てみましょう。

## 表現できない自分にさせた「過去の体験」

青は、吸い込むような色。見方を変えれば、受け容れる性質です。それ自体は悪いことではありませんが、ご紹介した例のように、ただ従うように受け容れるばかりでは、まずこころが次第にパンクしそうになります。

しかし、受け容れたあと、表現できればこころのパンクを防げます。取り入れた以上、その人の中には、何か反応が起こっているはずです。取り入れたことに対して考えたことや感じたことを表現することが、アウトプットになります。

とはいえ、言いたいことを言えたら楽ですが、言えないから辛いのですよね。言えない理由は、あなたにとって一つではないでしょう。振り返ると、

・子供の頃、親に言い返したら、「口答えするな!」とひどく叱られた。

・「子供は生意気を言うな」「大人の言うことを聞け」と、自分が話そうとすると、黙らされた。

・学校でみんなの前で話したら、ばかにされる、否定されるなど、恥ずかしい思いをした。

・自分の後に語った人が、自分よりずっとすぐれたことを話し、恥をかいた。

・何気なく言ったことで、友達を傷つけてしまい、以来、話すのが怖くなった。

・話そうと思うけれど、言いたいことがよくまとまらない。

・言っても無駄だ、と思う体験をした。

・自分が何も言わなければ、その場は平和に終わるといつも感じる。

などなど、いろいろあるでしょう。

そして、次第にこころを慢性便秘化させてしまいます。ベクトルは内向きです。表現できた時、言いたいことを言えた時、すっきりしたと感じます。それが、こころの便秘の一番の解消法なのですが、苦手な人が多いのです。

## 青はコミュニケーションに関係します

人は表現して、ようやく「自分は、こんなことを言いたかったのだ！」と気づくことが多いのです。それを誰かに聴いてもらえれば、エネルギーがもっと流れ、こころの詰まりも次第に取れていきます。

実は**青は、コミュニケーションに関係している**と言われています。

ヨガなどをされている方は、チャクラという言葉を聞いたことがあるかもしれません。身体で言えば、青は、のどのチャクラに関係していると言われます。

チャクラとは、エネルギーのセンターのようなものです。ここでは、チャクラの説明が目的ではないので、いささか乱暴なたとえをしますが、チャクラとは、新鮮なエネルギーを取り入れて、古いエネルギーを外に出す換気扇のようなものだとしておきます。

のどのチャクラで、新鮮なエネルギーと古いエネルギーの交換が上手く行われているなら、コミュニケーションも滞りなく進むでしょう。

しかし、油煙を排出しようにも、換気扇の羽根を回す軸が、油でベトついて、羽根が回りにくくなっていたらどうでしょう。古いエネルギーを外に出すこともままならず、新しいエネルギーも取り入れにくくなります。

コミュニケーションに置き換えると、表現したいことも言えず、コミュニケーションを続けるための新しい良い刺激も入りにくくなります。

油煙に該当するのが、先ほどの過去の体験。何とかアウトプットしようとしても、こころの中がくすぶって、うまく羽根が回りません。

**本来、青の性質を持つ人は、思索的な人が多い**のです。考えるネタについては、始終インプットしているので仕込みは十分です。さらに、取り入れたら出さない分、内側でそれを考え、熟成させます。そのため、青の性質をお持ちの方に、いざ語らせると、鋭い本質を語られる方も少なくありません。

実は、**コミュニケーションが苦手なのは、本当は伝えたいことがたくさんあるから**で、伝えたいことがなければ、詰まっているとも感じないでしょう。

## 気がつけば、引き受けすぎて断れない…

Ｎｏと言えずに断れないのも、青の性質です。

「今日、残業やってくれる？」と言われれば、デートの約束があっても断れずに、引き受けてしまいます。気づけば、いつも自分にばかり、仕事が集中していて、ストレスで一杯一杯、パンク寸前。疲労で体も不調です。

フリーで仕事する人なら、仕事は選んでいられないと、来た仕事をすべて引き受けます。すると、自分の自由な時間を持てず、仕事に追われて、身もこころもパンク状態。結局、いい仕事ができなくなります。

引き受ける理由に、断りたいけれど言えない、と言うのもあります。しかし、実は、「来たものを取り入れないと、置いていかれる」、あるいは「必要とされなくなったら、どうしよう」というこころの背景も見落とせません（新入社員なら断るべきではない状況が多いので、ここでは、それとは区別してください）。

イエスと言い続けた結果、仕事が選べない状態に自分を追いやるので、本当にしたかった仕事ができないことになることも。

実際、「仕事で一杯一杯だ、何とかしたい…」と言うご相談を受けていると、仕事をまかせてもらえる状態は、

「忙しくても、自分は評価されている！」

という感覚が、潜在的に安心感を保たせるケースがかなりあります。

その評価は、きっと間違いではないでしょう。でも、仕事を振った側にしてみれば、「断らないから、お願いしやすい」というのが、あなたに頼む大きな理由なのかもしれません。

身もこころもパンク寸前になって、

「会社を辞めて、いったんこの状態から解放されたい」

と、思いつめて、リセットボタンを押すような相談を何度も受けました。

しかし、実は、任される安心に「しがみついていた」のではありませんか。

## 平和なままでいたい、変わりたくない自分がいる

**青は平和の象徴**として使われています。国連平和維持軍のブルーベレーやブルーヘルメットは、その例でしょう。

戦争と平和のような大きな意味の平和でなくても、私たちは日常的に、こころに平和な感覚を得て、暮らしたいと思っています。

毎日が平穏で、心配や不安もなく、波風も立たず、こころも落ち着いた状態であれば、まずは、平和だと感じます。

青に引き付けられる人には、今がほぼ心配なく、穏やかに過ごせているなら、この状態をキープしたいという欲求が強くなっていることがあります。

一方、大きなチャンスがあっても、思い切って一歩を踏み出すことがためらわれます。それにトライすると、今の状況を大きく変えることになるからです。

もともと青は、外に出るエネルギーではありません。加えて、今の平和な状

態に「しがみつきたい」欲求が、現状維持という、無難な選択をさせがちです。青い色が、現状を維持したい気持ちの反映である人の場合、その平和にしがみつこうとして、チャンスに乗れない理由を探し始めます。

例えば、家族に負担をかける、お金がかかる、時間がなくなる、自分はそんな器ではない…「だから、私は、このままでいいの」と現状にしがみつきます。

中には、「今は、そのタイミングではないというメッセージを感じた…」と、見聞きしたことをスピリチュアルに意味づけし、本音を見ない人もいます。

もちろん、答えは自身で見つけるものです。ですから、感じたメッセージが真に納得できるなら、チャンスに見えても、それに乗る必要はないのでしょう。そんな答えなら、あとで後悔することはないはずですから。

さて、ぬるま湯につかってほっこりしている間は、心地良く穏やかな気分でいられますが、お湯はやがて冷めます。温める努力をせず、一時の平和にしがみついていた結果、いつしか本当に、平和を失う場合もあるのです。

## いいと思って、取り込んだ考えにしがみつく

私のところにご相談にいらっしゃる方には、自分の人生の目的やどんな仕事に向いているかを知りたいという内容がよくあります。

美恵さんは、30歳を過ぎたばかり。長く派遣社員を続けています。

「私には、何かこの人生ですべきことがあるように思うのですが、なかなか見つかりません。生まれる前に、この人生の使命を約束してきた、と書いてある本も読み、腑《ふ》に落ちました。でも、それは今の仕事ではないと断言できます。何か資格をと思い、自分に合うものはないか探してみました。でも、どれもピンとくるものがなく、それが何なのか、まだわかりません。私だって、それが何なのかさえはっきりすれば、目的に向かって、それを成し遂げるよう努力することができるはずです。何とかしてそれを見つけたいのですが…」。

美恵さんは、その目的が見つかった時のために、正社員ではすぐに辞められないので、チャンスを逃さないよう、派遣社員で仕事を続けています。

40代後半で、正社員で経理職に就《つ》く昌子さんは、こんな話をしてくれました。「長くこの仕事をして、不満があるわけではないのですが…。でも、なんだか毎日、このままでいいのかしら、と感じていたので、友人に話すと、『好きな仕事をしたほうがいいよ』と言われました。言われてみると、今の仕事が好きかと言われれば、そうでもなく…。好きな仕事が見つかればいいのですが…」。

私は、自分の人生の意味を見つけたい、というご相談が好きです。なぜなら、私も30代になるまで、いわゆる「自分探し」状態でしたから。それが今では「好き」と言える仕事をし、生きる目的も見えました。だから、気持ちはよくわかります。ただ、ここに挙げた例については、どこか違和感がありました。

美恵さんは、「人生の目的さえわかれば、その目的に向かって努力できる」

昌子さんは、「好きな仕事なら、人生が充実する。だから、好きな仕事を見つけたい」と言います。それらの考えに、「しがみついて」いる感じなのです。

それぞれに、「私、このままではいけない」と直感して、その答えに出会ったと感じたのでしょう。一度しかない大切な自分の人生、死ぬ間際に後悔なんてしたくはありません。どう生きるのかを見直すためにです。

青の性質は、取り入れること。**「探していた答えだ！」と、取り入れて、その考えにしがみつき、頭からそれが離れない**のです。

「人には生まれたからには、なすべき目的がある。それを達成するべきだ」、「好きな仕事をすれば、人生は充実する」という考えは、確かに誤ってはいないのですが、なぜこのお二人は、そんなに悩むのでしょうか。

二人は、取り入れた考えに、しがみつき過ぎて、身動きが取れなくなっているようです。前に進むための道を探して、かえって迷路に迷いこみ、人生の途上で、身動きがとれなくなっています。それでは本末転倒です。

青モードによく見られるこの傾向、次にもう少し見てみましょう。

## 人生の使命を見つけられないでいるのなら…

前の項で、美恵さんは、目的を先に探すことに懸命でしたが、**人生の目的は、先に見つければ、成し遂げることが可能になるものなのでしょうか**。

昌子さんの場合も、「好きな仕事」は何なのか、知りたいと相談に来ています。この場合も、**「まず、先に好きなことを見つけなければ！」が前提**です。

でも、**「好きな仕事」でしか、人生は充実しないのでしょうか**。

充実した人生を送る人すべてが、好きな仕事をしているとは限りません。また、仕事以外で人生を充実させている人もいるでしょう。

彼女たちが、「人生の目的を知ること」で、あるいは「好きな仕事」で、もっと人生を輝かせたい、と考えることが、間違っているわけではありません。

しかし、話を聞いていて、「何かはわからないけれど、可能性がある自分がきっといる」という思いを聞く時、彼女たちの意識は未来に飛んでいます。それは「今ここ」にいない感じなのです。まるで今の自分は、仮の姿のようです。話して気づいたのですが、自分と「人生の目的」、または「好きな仕事」というアイディアが、接着剤で固められたように、くっついて離れてくれません。

生まれる前にどんな人生にするか約束していた、とよく言われます。人生の青写真、つまり設計図のようなものがあり、まずは、それを知るべき。その青写真にあるものを知ってこそ、正しく生きられる、という信念です。

なんだか、受験の志望校を探す発想に似ています。志望校さえ決まれば、合格に向かって傾向と対策を練り、目的を達成できる！　というストーリーのようです。でも、合格は目標であって、実は、目的ではありません。

青写真を、イコール仕事と考えるのも、誤解です。

例えば「医師」は職業ですが、「医師になること」は、目標です。町の診療所で、地域の患者さんの顔を見ながら地域に貢献するのと、ノーベル賞の山中先生のように、基礎医学の研究で、未来の命の質に関わるのでは、それぞれの人生の目的は違うでしょう。

# 出さない手紙を書く

誰かに言いたいことを言えなくて、ずっとそのままになっていることはないでしょうか。

あなたの気持ちは滞《とどこお》ったまま、こころが便秘状態。スッキリさせましょう。

実は、手紙を書くという簡単な方法が効果的です。

その手紙は、書いても出しません。それを前提に書くのです。

言いたかったこと、言えなかったこと、それを手紙に書いてください。出さないのですから、相手に読まれることはありません。言いたかったことを言いたいだけ、思いっきり書いてください。

例えば、子供の頃、父親にひどく説教をされたとします。一方的に叱られたけれど、実は理由があってしたこと。しかし聞く耳を持たない父親にそれを話せず、まだ引きずっているなら、その悔しさを手紙に吐き出しましょう。

もし、同居している人（パートナー、親…）に、言いたいことをずっと言えないままなら、言えなかったことを、出さない手紙に吐き出しましょう。

また、ずっと前に友達に謝るタイミングを逸し、いまだに申し訳なさを抱えていることがあるなら、今、お詫びの気持ちを書きましょう。

もう亡くなった大切な人に、最後に言ってあげたかった言葉を言えなくて、思い残しがあるのなら、それを手紙に書いて、気持ちを表現してください。

言っちゃったら、感情があふれそうで、抑えていたことも、手紙に書きます。すると…書きながら、あなたの中にある感情や思いが、どんどん出てくることに気づくでしょう。書いたら次、また出てきた！　という体験です。中には、自分の中にこんなにドロドロしたものがあったのかと、軽いショックを受けるかもしれません。でも、それでいいのです。

溜《た》めっ放しにされたドロドロは、あなたにどんな悪さをするでしょう。

震災などの後、子供が悲惨《ひさん》な絵を描く例があります。表現をして、感情の浄化をしているのです。大人は驚きますが、止めさせてはいけません。

書いて表現すると、溜まった感情や思考が吐き出され、棚卸《たなおろ》しされ、整理されます。内面で滞っていたものを客観的に見つめ直すことができるのです。

そして、この方法が良いのは、言えなかったことを手紙にして、あなたの中の感情を、紙という物質にしてしまうことです。形のなかったものが物質化されれば、あなたは、それを簡単に処理できます。

シュレッダーにかけるのもよし、火事にならなければ、燃やすのもいいでしょう。とりわけ亡くなった方に思いを届けるなら、煙にするのはいい方法です。

そうやって、物理的に処理されたことを確認できます。きっと処理を終える前に、こころの中がすっきりしていくはず。書いたことで、手放せるのです。

それまで同居の家族に言えずに溜め込んでいた人が、出さない手紙によって、不思議なことに、直接言わなくても、関係がよくなった例もあるのです。

**ポイント　こころに潜む感情をアウトプットし、物質化すれば処理できる**

## ＮＯが言える自分になる

珠美さんは、会社を辞めた後、何をすればいいのか、相談にみえました。

会社を辞めると上司に伝える前でしたので、辞める理由をたずねました。

「上司が、私にばかり仕事を振るんです。それが当たり前になってきて、疲れがひどくなり、病院に行きました。病気が見つかり、ドクターに無理をしないように言われました。でも、そう言われても、今のままでは、無理をせざるを得ない環境です。私が辞めたら、上司も気づくんじゃないですか」

上司は彼女にかなり負担をかけていることに無頓着。彼女は、辞めることで、「どれだけ私が仕事をしていたのか思い知らせたい！」と差し違えの構えです。

どうやら、Ｎｏと言えない青モードのよう。それで、ひとつ聞きました。

「あなたの他に、その仕事をしてもらえる人は、どなたかいませんか」

すると彼女は、一人は新人、一人は言われたこともできない人で、どちらも任せるのは「無理」とのこと。さらに、「仕事を教える方が大変」と答えました。

彼女は辞めて全てをリセットし、解放されることに気持ちが傾いています。

一方で、その答えに、「私はデキる人ですから」というプライドも、チラリ。

実は、**パンクする限界まで仕事を受けたのは、その常に求められる状態が、無意識では「安心」**だったのです。そして、自分がどんなに職場に貢献しているのか、自分から言わなくても、上司にわかってほしかったのでしょう。

しかし、言わずに、本当に伝わるのでしょうか。辞める時に初めて、理由を言う人がよくいます。会社側は「知っていれば、対応できたのに」と思います。

私の所にも、辞めてから相談に来る人がほとんど。好きな仕事なのに、自分が犠牲になるように自ら辞めて、後悔した人もいます。

辞める前なら、より良い選択を手伝えたのに残念です。

珠美さんの場合、退職が本当に彼女にとって最善な選択なのでしょうか。

「あなたの仕事を引き継ぐ人は誰ですか。その引き継ぎは誰がするのでしょう」と聞くと、「無理」と言った二人に退職までの短期間で彼女が引き継ぐので、その仕事量は身体に負担がかかります。さらに、病気を抱えて失業するより、休職も選択肢にあると気づき、退職が最良ではないと考え直しました。

そして、今、彼女が仕事で限界状態であることや療養が必要なことを、やっと上司に話す決心をしました。

後日、彼女からメールが届きました。上司に思い切って状況を話すと、彼女の体調は配慮され、仕事は分担されたので、今は辞めないことにしたそうです。結果、彼女は、他の人ができる仕事はお願いし、全て背負いこまず、自分でしかできないスキルの高い仕事に集中。すると、仕事量を減らせただけでなく、むしろ評価が上がると学べたそうです。そのおかげで、将来、転職するにしても、今回の体験を生かして、アピールできそうだと、添えられていました。

**ポイント** **つい仕事を引き受けすぎて大変なら、こころの奥に隠れた気持ちに気づく時。無理に受けなくても、必要な時に仕事はやって来ます。**

## 変化をおそれない

専業主婦の宏枝さんは、あるクラフト教室に通ううちに、先生から、

「教室を一つまかせるから、講師をしてみない？」

と誘われました。

そのクラフト制作が大好きな宏枝さんにとって、好きなことを仕事にする大きなチャンスかと思われたのですが、ご本人は、申し出を受けるのを止めようかと思う、と言います。

その理由を問うと「夫に迷惑がかかるから」。

夫が反対かと言えば、むしろ賛成で、「応援するよ」とまで言ってくれるそうです。金銭的な負担などもなく、まるで、できない理由を探しているかのようです。

そうするうちに、ぽつりと「自信がないんです…」と語り始めました。

今まで主婦として、穏やかに平和にやってきたのに、「これまでの状況を自分が変えて大丈夫なの？　家庭とのバランスが崩れるのでは…」という思いに押しつぶされそうだったのです。

どうやら変化を避けて、現状の平和にしがみつく青モードのようです。

そこで、引き受けた時に起こるメリットとデメリットを語っていただき、引き受けなかったら、どんな気持ちが起こるのか、想像してもらいました。

「引き受けなかったら、後で『あの時、引き受けていれば、今頃、こうだった』とか、仲間が教えるのを見て、教室に行くこともイヤになったら、つまらないですね…。それなら、最初はうまくいかなくても、やったほうがいい…」

このチャンスは、宏枝さんにとって、引き受けても引き受けなくても、現状維持とはいかないと気づいたようです。ようやく自分にとって、後悔のない選択に意識を向けられるようになりました。

**ポイント　現状にしがみついて後で悔やまないか、イメージしましょう**

青モードをシフト・チェンジ

## 青をイメージし、平和になる瞑想

いつでも、自分のこころに平和を取り戻す方法をご紹介しましょう。

まずは、息を深くはくことです。それだけで、緊張をゆるめることができます。おなかの奥からはく深い呼吸をします。その時、あまり腹式呼吸を意識しすぎず、イメージとしては、ため息をつくような感じで、ふーっとはけばＯＫです。

ため息をつくと幸せが逃げる、と言いますが、ため息は、緊張を解放するための身体の反応。意図的に行ったところで、幸せは逃げません。

焦っている時は、呼吸がとても浅くなっています。駆け込み乗車のようなぎりぎりの状態では、呼吸は浅く、胸でしています。

テンパりそうな時こそ、意図的に深い呼吸を心がけると、緊張がゆるみ、穏やかな気持ちになります。意識して、こころに平和をもたらすことができます。

さらに目を閉じて、意識して、深い呼吸を続けると、瞑想になります。

楽な姿勢で座ります。呼吸が通りやすいよう首は立て、軽く目を閉じます。深く息をはくと身体がゆるんでくるのを、ただ、感じてください。吸うことよりもはくことを意識しましょう。心に残っていたモヤモヤした気持ちも、しだいに気にならなくなります。

さらにおなかの奥からふーっと息をはくと、おなかの奥まで空っぽになり、身体がもっとゆるみます。鼻から自然に息が吸われ、おなかの奥まで新鮮なエネルギーが満たされていきます。このエネルギーは、地球を包み、平和をもたらす淡い青い色です。それをイメージして吸いましょう。

そうして、呼吸によって、平和な感覚が広がるでしょう。

平和は外側からもたらされなくても、自分の中に見つかるのです。

**ポイント　呼吸と一緒にモヤモヤを吐き出せば、自分の中に平和が見つかる**

## 「好きなこと」を仕事にできた人、できなかった人

「好きな仕事」についてお話しするにあたり、好きな仕事を選ぼうとした人たちの例を挙げましょう。3人とも、好きな絵を仕事にとトライした例です。

①茜さんは、子供の頃から絵が好き。専門学校で絵を学び、在学中に、イラストの仕事のオファーがあって、卒業と同時にフリーのイラストレーターとして仕事を開始。すでに6年たちます。茜さんは、仕事に「絵」以外、思いつかなかったそうです。まさに好きなことを真っ直ぐ、仕事にした例です。

②靖子さんは、やはり絵が好きで、専門学校で絵を学び卒業。しかし、大手企業に就職し、経理職に配属されました。初日から違和感があったそうですが、3年やって、「この仕事は、もう限界。絵を描く夢を捨てられない」と会社を辞め、修業のつもりで、デザイン事務所を渡り歩きました。

そして、フリーで独立。今では、得意な動物のイラストを中心に、自分の絵

をつけた雑貨の制作にも関わっています。

③佳奈さんは、デザインの専門学校を出て、デザイン事務所に就職。しかし、1年足らずで辞めました。理由は、激務で体力が続かなかったこともありますが、仕事で描く絵は、自分の描きたい絵ではなかったから。

その後、アルバイトをしながら、自分を表現できそうなカラーコーディネートやインテリアなどを学ぶこと転々。今はギフト雑貨店で販売のアルバイト中です。

同じように絵の道を目指していた3人ですが、何が違うのでしょうか。

「好きなことは、仕事にしないほうがいいよ」と言う人もいます。いろいろな意味で、好きなことを純粋に楽しめなくなるからです。

そこで、30歳前後、同年代の3人の「好きな仕事」を検証しましょう。

**ポイント　「好きな仕事」で生計を立てられるかどうかには、鍵がある**

# 「好きな仕事への思い込み」から脱け出す

茜さんは、子供の頃から好きな仕事なことがはっきりしていた点で、幸せです。好きなことがわからず、探す人が、本当に多いからです。

次の靖子さんは、辞める時、安定を捨てる彼女に、上司や同僚から、「そんな夢みたいなことで、食えるわけないよ」と諭《さと》されたそうです。

でも、思い切って道を変えて、好きなことを仕事にすることができました。

最後の佳奈さんは、最初の段階では、希望がかなったはずです。しかし、現実の現場には、思い描いた好きな仕事と、かなりギャップがありました。

その現場は、靖子さんが修業のつもりで飛び込んだ仕事場と、大差なかったと思われます。おそらく、学校を出たばかりの佳奈さんにとって、「好きな仕事をする」ことは、職場は「好きな仕事を与えてくれる場」であり、自己表現できるステージだと思っていたのでしょう。

ギフト雑貨のショップでアルバイトしている佳奈さんと話して気づいたのは、「私は、〇〇してみたい」と主語に「私」が多いことでした。そこで、「お買い物に来たお客さまは、あなたのお店に、何を求めて買いに来るのか、想像してみませんか」と言うと、一瞬、虚を突かれた様子で、

「そんなこと考えたことがなかったです。…思いつきません」と言います。

お客さまが何を求めているのか、ギフトを買うのは何のためで、どんな付加価値を期待しているのか。考えたことがないとしたら、残念です。

佳奈さんは、最初のデザインの仕事を辞めて、既に10年近くがたっています。

その間、彼女が作った「自分の世界を表現できる好きな仕事をする自分」のイメージにしがみつき、頭の中をそれで満タンにし、自分のイメージに合わせてくれる仕事を社会に求めた結果、仕事の基礎力をつけられたはずの20代の大半が過ぎ去ってしまいました。「あぁ、なんてもったいない！」と思います。

例えばデザインなら、クライアントが求めるものに応えられて対価が支払われることや、実績のない新人が、描きたい絵を描けなくて当たり前だと、社会

に出て、学ぶ間もない早くに辞めてしまいました。

早く知っておけば済むことで、知らないために、自分の可能性を失っていることがあります。本当に、もったいない。先の靖子さんが言っていました。「絵が好きでも仕事にできなかった人には、現実の現場は思ったのと違った、描きたい絵が描けないと言って、就職してすぐ辞めた人が多いようですよ」と。

青には、取り入れて、それにしがみつく性質があります。結果、外が見えません。自分の外の世界を見ないなら、受けとれるはずの機会を失います。

佳奈さんにとって、今のアルバイトは、いいチャンスです。お店に来たお客さまという外の世界に触れる機会があるからです。そこで、「お客さまの世界に気づけたら、何ができそうか」を考えてもらいました。すると、商品の見せ方など、今できることが見えてきました。やり直すのはまだ、遅くはありません。

**ポイント　好きなことを仕事にしたいなら、その仕事が社会から求められるように意識する**

## 「人生の目的」という呪縛から解放される

「え〜ッ…、探さなくてもいいんですか」

という驚きの声を上げたのは、私の講座を受けていた清江さん。50歳を超え、自分が本当に何をするべきか、ライフワークを見つけたいと受講をしていました。

最近、50歳前後の受講生が増えています。人生を折り返し、この先、生き方を誤りたくないと言う気持ちが、受講の動機です。

その時は青がテーマで、「青写真」という言葉が出てきました。英語では、「ブループリント」と言います。青写真とは、一般に、設計図や未来計画のような意味で使われますが、転じて、生まれる時に携えてきたと言われる人生の設計図を指すためか、生きる目的と「青」を関連させることがよくあります。

「その設計図があるとして、何が人生の目的なのか、それは仕事を意味するの

かしら?」と問いかけた上で、

「目的は、本当に先に探さなくてはいけないのかなぁ?」と言いました。

生まれ持った人生の計画があるのなら、すでに、その計画を歩んでいるはず。ならば、今ここに懸命に生きてこそ、青写真を生きることにつながります。

仕事は、人生の目的そのものではなく、それを果たすための手段なのです。ましてや職業は、その手段に名前のラベルを貼ったものに過ぎません。

清江さんは、人生の目的をずっと探していたので、これは軽い衝撃でした。

何もしなければ、何にも出会えません。「だから、懸命にそれを探しているのです」と言われそうです。しかし、多くの人が、「目的がわかって自分らしく生きるイメージ」にしがみつき、**「未来の私」のために、「今、ここ」を軽く扱っています**。でも、未来は、「今」という瞬間の連続の先にしかないのです。

人生が計画されているのなら、今の仕事でどんな役に立てるのか、真摯に取り組めば、その途上で、必要なタイミングで人生の目的に気づけるはずです。

それは、今、誰か、そして何かに関わって得た反応に、どう関わればいいのか試行錯誤して、ようやく見えてくること。すると、**必要なものや人に、必要な時に出会える**ので、**人生をプロセスとして、信頼していける**のです。

99ページで例に挙げた美恵さんの場合、目的が見つかった暁《あかつき》に、チャンスを逃さないよう、派遣の方がすぐに辞めやすいと言いました。美恵さんは、今の仕事に手を抜く人ではありませんが、今の仕事から得られるかもしれないチャンスは、視野にありません。また、過去にも、スルーしたかもしれません。

「好きな仕事がわからない」と言っていた昌子さんも、今やっている経理の仕事を続けられたことには、何か意味があるはず。「今の仕事は、言われてみれば、好きではない」のなら、好きな仕事も見つからないでしょう。今の仕事がイヤだと確信を持てないなら、今、好きなものを選ぶことも困難だからです。

靖子さんの例のように、今の仕事を本気で辞めることを考えた人は、捨てるものの価値以上の何かを好きな仕事に見つけ、その選択に責任を持ったのです。

**ポイント　必要なものは必要な時に出会える。人生のプロセスを信頼する**

## 必要なものには必要な時に出会える、と信じる

ところで、青写真とは「ナスカの地上絵」のようなものではないでしょうか。全体像は天から見るもので、地上にいて全体像を見ることは、困難です。

人生という道は、地上絵のラインに似ています。地上でかなりの距離を歩いてから、何かの形を成していると気づければもうけもの。そうなれば、「どうやら、私はこんなことのために人生を生きている」と気づけてくるでしょう。

私は「どうやって、好きな仕事に出会ったのか」とよく聞かれます。

私の場合、会社で「好きな仕事」をしていたのですが、できなくなりました。部署が閉鎖したからです。仕事は、百貨店のカルチャースクールで講座を開発することでした。退職を決めた私が、最後に作った講座が、「カラーセラピー」。そのご縁で、長く働いた自分へのごほうび程度の動機で、資格を取れるカラーセラピーの講座を受けました。しかし、その後は転職活動に専念しました。

ところが、再就職した会社が経営不振で、また失業。生計を立てるのに、できそうなのは学んでいたカラーセラピーだけ。他に選択肢はありませんでした。しかし、今にして思うのです。カルチャースクールの仕事が好きでしたが、今の仕事は、私が当時、やっていたことと、目的はまったく同じなのです。その目的とは、「人の人生が良い方へシフトするよう、サポートすること」。今では、好きと言うより「やりがいある」仕事と言う方がしっくりきます。

さて、中国の哲学者、老子には「無為自然」の概念があります。「無為自然」、「為さ無くても自ずと然る」とは、どういうことでしょうか。老子の「道」（タオ）とは、宇宙に流れるエネルギーのようなものです。この思想には、西洋の思想とは異なり、そこに絶対的な神のような意志はありません。仏教の「空」にも通じます。「空」で考えると、青写真のような実体はなく、「そうしたものにとらわれるな、今を生きよ」と考えられそうです。人が、どんな人生を創造するのかを「道」で考えると、青写真を探し出さなくても、自ずと為るように為っていく、自ずと創られていくことになります。

花の種が土に落ちれば、自ずと芽が出て何か花が咲きます。咲いた後で、どんな花かわかるのです。同じように目的も、事前に知ることは、困難です。

それに、目的という一点に意識を集めすぎると固まりになり、その時点で、その人に流れているはずの「道」のエネルギーが膠着《こうちゃく》し、滞ってしまいます。

老子の発想なら、「青写真自体、こだわらなくてもいいかな」と感じます。

私は今の仕事につながった流れを、当初は「これこそ、青写真だ」と思いました。でも今では、「為るようになるので、為るようになったのだ」と思います。

すると、青写真にとらわれることなく、もっと自由に、自分の人生を捉えられるようになりました。目的も柔軟に考えたらいい、と思えるようになりました。

必要な時に、必要なものに出会うという、プロセスを信頼するとは、こういうことではないでしょうか。そこに無理強いをする必要は、ないのです。

**ポイント** **人生の目的を探すのをいったん止めて、流れに身をゆだねてみる**

# 大きな流れを受容する

青の性質は、内向きのエネルギーで、取り入れること。そして、受け容れる色です。では、大きな意味で受け容れる、ということを意識してはいかがでしょう。

今、やっている仕事が自分に合わないと思い、ストレスを感じているとします。ただイヤだからと、会社を辞めるのではなく、その状況をちゃんと受け容れてみます。そして、何が自分にそれほどストレスを感じさせるのか、ちゃんと見るのです。人間関係なのか、仕事の量なのか、あるいは、つまらないのか。そこを見ないと別の会社に行っても、同じことが繰り返されます。

その状況が自分にどう関わるのか、受け容れて、自分の力（人の力を借りるのも実力の内です）で解決ができたら、転職しても、次のステージに立てます。

また、コミュニケーションでは、相手の話をよく聞いて受け容れる。この時、相手の世界をよく理解し、自分の世界との違いを認識、それを受け容れます。その違いを通じ、自分の世界では知り得なかったことを受け容れ、そして、自分の世界も相手に表現してみる。すると、互いの世界が交流しはじめ、それぞれが、自分を再発見しながら、成長することができます。

いろいろな資格を取ったり、高い目標を掲げ、必死に勉強したり。お子さんがいる人なら、難易度の高い学校に入れようと、頑張り過ぎたり。

向上意欲自体、悪くはないのですが、それは、目的ではなく、当座の目標にすぎません。実は「何かしている」感で、生きる満足を得たかったのに、一過性の目標の実現に一喜一憂し、こころの平和を欠くのなら、本末転倒です。

もし、これらにトライして、結果、うまくいかなかったとしても、それは、生きるための手段の一つがうまくいかなかったにすぎません。うまくいかなかったのは、別の手段を見つけるための機会を与えてもらったと受け容れて、大らかにかまえられたら、もっと人生が、易しくなるのではないでしょうか。

自分にとって、好ましくないと思われる状況がなければ、それを解決する力を見つける機会も得られません。その状況は、流れの中のプロセスなのです。

そのプロセスの向こうに、あるタイミングで必要な「何か」に出会います。

それでも、「何か目的を目指さなければいけないような気がする」、あるいは、「何か安心できるものにしがみつきたい」という感覚から離れられないのなら、次頁の言霊がお役に立つでしょう。

「目的」も確かな実体はないのです。そして、「安心できるもの」にも、実体はないのです。それなのに、それらにしがみついては、人生の流れが悪くなり、出会うものに出会う機会を失います。

最後に青の言霊を添えておきます。その固まってしまった考えをいったんほぐすための、読むうちにわけがわからなくなるような言葉が続きます。とりあえず、やってみてください。書き写すなら青を使います。

**ポイント** **人生のプロセスを信頼するとは、大局的な視点で、人生の流れを受け容れてしまうこと**

私は、人生において必要なものは、必要な時に得られるという人生のプロセスを信頼する必要がある。

私は、人生において必要なものは、必要な時に得られるという人生のプロセスを信頼する必要がない。

私は、人生において必要なものは、必要な時に得られるという人生のプロセスを信頼する必要があるは存在しない。

私は、人生において必要なものは、必要な時に得られるという人生のプロセスを信頼する必要がないは存在しない。

私は、人生において必要なものは、必要な時に得られるという人生のプロセスを信頼する必要があるにしてない。

私は、人生において必要なものは、必要な時に得られるという人生のプロセスを信頼する必要があるにしてないは存在しない。

私は、人生において必要なものは、必要な時に得られるという人生のプロセスを信頼する必要があるにしてないは存在しないということも存在しない。

私は、人生において必要なものは、必要な時に得られるという人生のプロセスを信頼する必要があるか又はない。

私は、人生において必要なものは、必要な時に得られるという人生のプロセスを信頼する必要があるか又はないは存在しない。

私は、人生において必要なものは、必要な時に得られるという人生のプロセスを信頼する必要があるか又はないは存在しないということも存在しない。

# 黄の章

## 「自分らしく
## 確かな私」へ

## あなたの黄色モード度をチェック

黄色の信号では、止まるのか進むのか迷います。**「迷い」**や**「混乱」**が**黄色**の印象です。

それでは、その黄色モードの内容をさらに詳しく探るため、次の質問に答えて、チェックをしてみましょう（ここで言う黄色モードとは、黄色の性質が過剰に偏って出たために、注意信号が点滅している状態です）。

※当てはまる ◎・どちらかと言えば、あてはまる ○・あてはまらない ×。

CHECK

①□何かを選ぶ時、とても迷って、決められないことが多い。
②□普段から、人の目をとても気にする。
③□人の意見に、流されやすい。

④□つい、人のあら探しをして、「だから、あの人はダメだ」とよく思う。
⑤□周りの意見や、世間の常識などを、普段から、かなり意識している。
⑥□自分がどんな人かを教えてくれる占いや心理テストなどに、興味がある。
⑦□何かを選ぶ時、必ず、誰かに相談する。
⑧□緊張のあまり、胃が痛くなることがよくある。
⑨□自己分析的に「私って、こうだから」と、自己批判をすることが多い。
⑩□人の意見に従って、後悔したことがある。

◎は2点、○は1点、×は0点

チェックの結果は、いかがでしたか。

心理テストに興味があるから、この本を読まれている方もいらっしゃるでしょう。少しずつ、これらをひもといていきましょう。

## 「黄色」のポイント診断

黄色の質問を読んで、生きるのが複雑になりがちなわけが見えましたか。

ポイント合計が10点以上の方は、黄色の性質を、かなり持っていそうです。

シグナル・カラーチェックで黄色の点数が高く、こちらのポイントが低めなら、実生活で気づけていない潜在的傾向としてお読みになればOKです。

チェックリストの①と⑦は、迷うことに関係します。
③⑤⑩は、日頃、周りの人の意見に左右されやすいことを表わします。
②と⑧は、自意識過剰に関連します。
④⑥⑨は、自分がよくわからず、自信がないことに関係します。
他の色と同様に、黄色だから、イイとかワルイというわけではありません。

また、ある意味では、黄色は、青と赤のミックスと言えますから、青と赤も合わせてお読みになることをオススメします。

## イエスでもノーでもない「黄色」の性質

赤や青で、それらの色の布を人に近づけたら、どんな反応があるのかを書きましたが、この黄色は、そのような反応は、あまり、はっきりしません。

赤のような押し出される圧迫感もなく、青のように、吸い込まれるような感じもありません。そのため、「特に…」と言う感じです。

そこで、黄色の性質は、信号を思い出していただくのが一番わかりやすいのではないかと思います。

交差点で、信号が黄色になった時、どうしますか。まず、渡れそうか、少し留まった方がよいのか、必ず確認しますね。

ちょっと渡りきるには無理そうでも、あなたなら、えいっ、と渡りますか。

あなたが、慎重な人なら、きっと待つでしょう。

こんなふうに**黄色は、赤や青と異なり、一方向とはいかない色**です。

つまり、黄色は、判断を迷うこと、混乱することに関係します。交差点では、自分が安全でいられるかどうかが関係しますので、緊張します。

信号が青なら、ためらわずに進みますし、赤なら、通常は止まって、青に変わるのを待ちます。

黄色の信号では、進むのか、止まるのか、一瞬、迷います。

それが、黄色からもらう感覚です。

**黄色の状態は、常に判断を求められるので、その都度、迷ったり、混乱したりする可能性があります。**

また、その状況は、交差点と同じで常に変化します。信号が黄色から赤に変わる残り時間は、刻々と減っていきます。それに、右折車が、歩行を妨げるように入ってきますので、危険を感じることもしばしばです。

そんな黄色は、**人生において、常に変化にさらされて生きる私たちに、緊張をもたらすことに関係**します。

## 決められないストレスにさらされていませんか？

赤は、外向きのベクトルで、青はベクトルが奥へ、内側へと向かいました。しかし、黄色は、どちらにも向かえ、どちらにも向かわないことを選べます。

これは、赤が「Ｎｏ！　いらない」、青が「Ｙｅｓ！　いります」とはっきりどちらかの態度を示せるのに、黄色は、それができないことを意味します。何か選ぼうとしても、取り入れるのか、いらないのか、すぐにハッキリと態度が決まりません。つまり、迷うし、どうすればいいのか、混乱してしまうのです。

見方を変えれば、青の「取り入れる」力と、赤の「いらない」と言う力が、同じだけあって、拮抗している状態です。

さらに、その状態が過剰になると、何が人生を難しくするのでしょうか。

それは、**物事をどちらに選ぶか、なかなか、決められないために、決断を先送りにし、考えるのを止めてしまう**ことです。

もちろん、決断を保留したほうがいい時もあります。

ですから、決まらないことが必ずしも問題なのではありません。

問題は、物事を決めなければならないのに、決まらない状態で、ずっと緊張状態が続くことです。それだけストレスもかかるのです。

混乱が続くと、決められなくてストレスがかかり、何もしたくなくなってきます。自分から、前にも後ろにも進めなくなり、「もう、どうでもいいや」と投げ出したくなり、無気力になります。

この状況の解決は、何を選ぶのか、自分なりにハッキリと選択方向が見えれば、何とかなります。ですが、何を「選択の基準」にするのか、自分でわからないと、いつまでも迷うことになってしまいます。

仮に決断を投げ出したとしても、解決したわけではないので、緊張からずっと解放されない状態が続きます。

こうして、黄色モードが過剰になると、自分はどうしたいのかわからないという緊張と共に、心身が、疲れ果てていくようになるでしょう。

黄色は、矢印の向きが
決まらない…

## 誰かや何かの基準でしか判断できない…

選ぶ時、迷う理由に最も多いのは、
「あの人に、こう言われた」
「(この問題解決の) カリスマである○○さんは、こう言っている」
「このケースだと、8割くらいの人が上手くいっていないとか言うし…」
と言うように、
・あなたの選択に対し、親や友達など、身近な誰かの意見が気になる
・あなた自身が、専門家やカリスマの意見を無視できない
・社会のデータやネットで情報を得て、判断の根拠にしようと思っている
など、判断の基準を何かに求めていることが少なくありません。
そこに足りないのは、「あなた自身は、どうしたいのか」という意志です。
つまり自分がどうしたいのかわからないので、決められないのです。

いつの間にか、自分の視点で判断をすることを、避けてきた傾向がありませんか。その結果、自分が判断しなかったことで後悔を招く可能性があります。

例えば、結婚したい人がいるとします。

特に相手に、何も問題がないのに、親が反対することも、あります。

昔より減ったかもしれませんが、相手の人格より、長男だとか、住む所が親から遠いことや、場合によっては家柄や学歴などが、親の求める条件に合わず、反対の理由になることがあります。

そんな反対にしたがって、過去にその人との結婚をあきらめたとします。

そして今、あなたはまだ独身で、まだ、相手に恵まれず、少し孤独を感じています。そんな時、風の便りで、自分の後に知り合った人と結婚した彼が、幸せな家庭を築いていると知ったら、どんな気持ちになるでしょうか。

「その幸せは、自分のものだったかもしれない」と思うかもしれません。

そんな時、親を恨《うら》んでも始まりません。最後に決めたのは、自分なのです。

自分がちゃんと決めないと、その後の人生は、全く違ったものになります。

## 「黄色」と緊張

黄色モードの人には、人の視線を気にする人が多くいます。そして、**決めたことに対して、人がどう思うかが気になるので、自分の意見より、他者の意見を聞いて、迷うことが多いのです**。そんな時、自意識過剰になっています。

このような自意識過剰は、自分が、どれだけ否定的に見られているのかが気になるので、いつも他人から批判されているように感じてしまいます。

あなたは、緊張を強《し》いられる状況で、胃が痛くなった経験はありませんか。

胃のあたりは、太陽神経叢《そう》と言って、たくさんの神経がごちゃっと集まる場所です。実は、その身体の部位に対応する色も、黄色と言われます。これらの神経は、交感神経とつながっていて、緊張と関係します。

それで、自意識による過剰な緊張のために、胃まで痛くなってしまいます。

「そんな状態になるなんて、ちょっと気にし過ぎなのでは?」と思える人はいいのですが、意外な人がこのことについて書いていました。

それは、あのサッカー選手の長谷部誠さん。

著書の『心を整える。』（幻冬舎）第一章に、「過度の自意識は必要ない。」との見出しが。読んでみると、まさに、このことについて書かれていたのです。

ワールドカップの日本代表になるほどのサッカー選手でさえ、緊張による胃痛で胃薬のお世話になりっぱなしで、時には高熱まで出したそうです。

ドイツに移籍しても、しばらくそれが続いたものの、いつの間にか克服してしまったとか。それを克服できた大きな理由は、ドイツに行ってしばらくすると、周りの人が、自分が意識しているよりも、はるかに自分のことを見ていないと気づいたからだそう。ドイツ人は、他人に関心がないのだ、そう思ったら、開き直れたようですが、いかがでしょうか。

大舞台に立つことに慣れたような人でも、そんな自意識過剰になることがあるのです。私たちが、自然体でいられることは、案外、難しいことなのです。

## 「混乱や迷い」を解決する答えは、あなたの中にある

まず、なぜ迷うのかと言えば、当たり前ですが、選べないからです。

ではなぜ、選べないのでしょうか。

理由の一つは、選択の根拠を自分で、なかなか見つけられないからです。

その根拠を求めて、人に意見を聞いたり、情報をとったりするのですが、やっぱり、いえ、ますます混乱するのです。なぜなら、それらの情報の最終判断者が誰なのか、置き去りにされているのです。

それは、「自分」。そう、「あなた自身」のはずです。

私の所に相談にいらっしゃるクライアントの方々も、答えを期待して来られる人が少なくありません。確かそうな答えを聞きたい気持ちはわかります。

しかし、どんな問題でも、試験同様「正解」は、あるのでしょうか。自分の問題の正解も、どこかに用意されていると錯覚をされているかのようです。

実は、相談に見えた方に、答えを差し上げることはありません。セラピーの現場では、自分の力で、自分の答えを見つけることに意味があります。

なぜなら、私のようなセラピストが、答えをどんどん差し上げたのでは、自分で解決できる力を見つける機会を奪うことになります。

確かに、カラーセラピー的に、その人の情報を読み取れるので、「答え」を教えてくれると、よく誤解されます。しかし、私がしている仕事は、その人だけでは気づきにくい力を引き出せるよう、手伝うことなのです。

言い換えれば、「あなたは、どうしたいのか」、自分で答えを見つけるサポートのために、セラピストは存在します。自分を取り戻していただくために。

とりわけ日本では、「世間さま」の空気を読むことが多く、世間さまの価値観で否定されないよう、保険をかけるような答えを選ぶところがあります。

結果、本音とは違う判断基準で妥協した人は、後で悔やむことに。

**「あなたはどうしたいのですか」**。

答えはあなたが、決めていいのです。そろそろ、自分を取り戻しましょう。

## 選べないのは、恐れがあるから

なかなか選べない場合、そのこころの奥に恐れが隠れている場合があります。

どんな恐れかと言えば、

「自分が選んだことに対し、どんなことを言われるのかわからない」

というものです。

「誰が」言うかと言えば、いつもあなたに何かを言ってきた人です。

それが親であるケースは、かなり多いのではないでしょうか。

例えば進路。自分が選ぼうとする道があるけれど、その道を、ネガティブに評価されたら、くじけてしまいそうな気がします。

真っ向から反対されるなら、反論もできるのですが、そういう恐れを抱える人は、たいていの場合、こう言われると知っているのです。

「お父さんが、きっと反対するよ。そういうのは、好きじゃないから」とか、

「将来、そんな仕事に就《つ》いても、食べていけるわけないでしょ。世の中、夢で生きていけるほど、甘くはないから。世間でも、そう言っているでしょう?」なんて、母親に言われると、どこへ向けて反論していいのか、混乱します。

なぜかと言えば、その意見を言っている本人(母親)が、自分の意見の根拠を、他の人の責任にすり替えているからです。

ここで、意見を言っているのは、たぶん、お父さん。そして、世間さま。

しかも好き嫌いという感情を判断材料にされると、理屈で反論ができません。嫌いなことに、父親はどう反応するかわからないぞ、と脅すようなものです。

この場合、親も、子供の言うことに、きちんと評価する軸を持っていません。このやり取りは、責任回避のズルイやり方だと、双方が気づくべきなのです。

しかし、子供は、親の責任回避だとは気づかず、言った相手より、大きな存在を引き合いに出されて、「説得なんてとても無理」と感じ、恐れをなすのです。

しかも、「嫌いなもの」を持ち込んだ、自分の感性も責められています。

これでは、自分の根拠が、「感覚的にイケてない」と言われたようなもの。

言った本人にとっては、自分が持ち込んだものが、とても、子供っぽくて、夢見がちでセンスもない、ダメダメな自分を指摘されたような気分になります。

この恐れは、「自分を否定される」恐れです。

そのため、先回りして相手にOKをもらえるものを用意する人もあります。そんな相手の否定を避けるための妥協策にも、矛盾を抱え混乱することも。

本当に自分が進みたい道なら、反対されても親とけんかしてでも、認めてもらうか、勝手に自分の道を進むことをします。そこまでできないのなら、もともと、自分の選択自体、誰かの承認を得ないと、確信が持てなかったのです。

一方、親にしてみれば、子供が安全な道を進むために、世間と言うものを教えてやるのが、愛情だと思っています。

しかし、それは子供を支配するエゴかもしれません。そんな風に言う親も世間に従い、何かをあきらめた可能性があります。子供にも従わせることが、親自身が、自分を肯定することになるのです。選ぶ側が、そこに気づくことができれば、少なくても、不要な恐れを避けることができるのではないでしょうか。

## 自意識過剰は人も自分も裁く

自意識過剰とは、いつも、自分が、どんなふうに人から見られているのか、人の視線を意識し過ぎる状態です。

しかし、ちょっと考えてみてください。

**誰があなたを、そんなに見つめているというのでしょう。**

また、いつも自分が大丈夫かどうかを気にしているので、自分にダメ出しをたくさんしています。

そして、そんな自分をなんとか救ってあげるために、今度は、**誰かと比較して、その人より優位になることで、自分を救おうとします。**

その結果、**自分だけでなく、他者への意識も過剰になります。**

自分の優位性を探すために、人のあらを探し始め、人をジャッジするようになります。ジャッジとは、審判ではなく、日本語では、「裁く」という意味になります。人の罪（?）を、裁くような意識で人と関わるので、他者を肯定的に見るのが、難しくなります。だから、「裁いてはいけない」のです。

「自分の方が、優れている!」という材料を見つければ、優越感が得られ、自分は「ダメ」から、「イイ」へのバランスが取れて安心できるのです。

他者を意識しているわりには、相手を理解しようとしていないので、他者への思いやりや共感は、薄れます。自分に厳しく、他人にも厳しくなります。

実は、自分も「あら」だらけと思っていて、そんな自分を救うのがジャッジの無意識の意図。無意識では、優越感と同時に、自分も裁いているのです。

この状態の黄色モードが、人生を生きにくくしているわけは、自分を受け容れたいけれど、受け容れることもできず、自分に混乱しているからです。

実際に黄色は、自意識ととても関係します。本当は無邪気な子どものように、ただ、自分の人生を楽しんで輝ければいいのですが、それが、難しいのです。

## 子どもの頃、存在を認めてもらいたくて、自分を抑えた場合

今度は、自分を救おうとして、こころの奥で自分を抑圧している場合です。これは、例えば親に自分という存在を、認めてもらいたくて、親などの言うままになり、自分の気持ちを押し殺して生きる状態です。

これは、もう10年以上前のこと、相談にみえた早苗さんの話です。相談は、「今の仕事は、自分に向いていないのではないか」という内容でした。

彼女は、「先輩のように自分から仕事に気づき、やっていくことができない」と思っていました。話を聞くと、「指示をされないと動けない」からなのです。

そこで、当時、よく言われていた「指示待ち」タイプかと思い、「よく、仕事は自分でつくるものと言いますが、早苗さん、どう思いますか」と、たずねてみました。

すると、ぽかんとした顔をされました。「自分で仕事を作る」という意味を

黄の章

どうしても理解していただけないのです。いくつか例を出しながら、ああ言っても、こう言っても、どう言ってもダメでした。仕方ないので、

「今、わからなければ、次の相談の時まで、少し考えてみましょうか」

と言うと、返ってきた言葉が、

「考え過ぎはよくないと言われました」

「この『考える』ことと、『考え過ぎる』は、違うよね」と言う端から、また、意味が分からないと言う顔をされるので、初めて、私も、

「ああ、本当に自分で考える力を、どこかに置いて来てしまったのかもしれない」と、その重症度に気づきました。単なる「指示待ち」ではなかったのです。

早苗さんの仕事は、ショールームで接客をする仕事ですが、外国人の方も多いので、英会話力はマストです。彼女は、英語が得意。その力を認められて、その仕事に採用されたのだそうです。

そんな早苗さんが、考える力を忘れてしまったのは、なぜなのでしょうか。

彼女は、二つ違いの妹が生まれたころから、母親に言われるままでした。

年の差がない弟や妹が生まれると、それまで独占していた母親の愛が、下の子にも向かうため、上の子が、「ママの愛は妹（弟）に移ってしまった！　もう、愛してもらえないの？」と危機感を抱くのは、よくあることです。母親も、まだおっぱいが必要な赤ちゃんの世話を優先せざるを得ないので、やむを得ません。

「あなたはもう、お姉ちゃんなんだから」と、つい言ってしまいます。

早苗さんの場合も、最初は、おそらくそんな感じでした。

しかし、お母さんの言うことに従えば、お母さんが自分を見てくれるという幼児期の安心感が、次第に絶対服従になり、さらにお母さんも、そんな早苗さんを、自分の言うままにさせるのが当たり前のようになりました。

休みの日に他の予定があっても、母親に「買い物に付き合え」と言われれば、行かなければならない、そんな関係が、大人になっても続いていました。

このように子供の頃から、母親の指示は絶対的な意味を持ち、早苗さんは、自分の意志を抑え込み、いつしか自分の意志を封じ込めてしまったのです。

はじめて相談にみえた時、母親と距離を取り、「母親の指示をすべて、受けなくてもいい」と気づいた後は、母親の支配傾向は、ゆるんできたのです。

しかし、「指示されたことに従いなさい」と強烈にインプットされた彼女にとって、仕事でも「指示が絶対」という刷り込みは、消えていませんでした。

早苗さんの場合、「自分の力で立つ」という考えさえ、失われていたようです。

相手からどう指示されるかに意識が向かい、それにうまく応えられるのかが重要なので、周りの人、例えば、仕事でお客様や同僚が、何を必要としているのか、先に相手の立場で考えることが、難しくなっていました。

それが、「仕事は自分で作る」と言う意味を理解できなかった理由です。

当然、自分の力を信じることができません。指示を与えてくれる人へ、意識は依存せざるを得なくなります。本当は、彼女は、自分らしく生きたいのです。

当時、この仕事を始めて日が浅かった私は、歯がゆい思いでした。

この後、自分を取り戻し、混乱から抜ける方法をご案内しましょう。

## 小さな選択で、こころの声に気づくレッスン

混乱を解きほぐすカギが、「私がどうしたいのか」だと気づかれたでしょうか。でも、人からＯＫを得て、自分はこれで大丈夫だと確かめようとしている人にとって、「私がどうしたいのか」より、他者の視線が気になってしまいます。緊張も絶えません。

そこで、小さな選択をする際、自分のこころの奥で、何がささやかれているのか、聞くような気持ちで、自分の気持ちに、気づいてみましょう。

例えば、仕事の昼休み。同僚と行ったランチで、4人中3人は、Ａランチを頼みました。実際、Ａランチは、そのお店でも、とても人気のメニューです。でも、あなたは、「Ｂランチを食べたい」と思いました。それで、「みんながＡランチだから、私も合わせたほうがいいかしら…」と思ったら、自分の気持ちを抑えたことになります。すんなり、Ｂランチを頼めばいいだけです。

パートナーが、「今度の連休に、北海道を旅行しよう」と言いました。旅先は、相手が決めました。うれしいと思う反面、なぜか、その旅に行くことに、迷う気持ちがあります。その旅に何か抵抗があるのです。その抵抗は何なのか、ちゃんと自分で理解しましょう。

たとえば、旅そのものより、「自分が決めたら、どこであっても、私がついていくものだと勝手に思っているの？」と相手に反発したとか、「私は、北海道よりも、九州に行きたいのに」とか、「そもそも、このところ忙しかったから、その連休は、家でのんびり、からだを休めたいのに」とか。

何が抵抗の理由だったか、納得していないと、旅の途中で、無理が出ます。

毎日毎日、小さなことでも、選ぶことはあります。そのたびごとに、自分はどうしたいのか、気づく機会はあります。そこから、慣れてみましょう。

**ポイント　ちょっとした選択の際、こころの奥でささやく声を無視しない**

黄色モードをシフト・チェンジ

## 「黄色」の迷いを分解し、「赤」と「青」に分けてみる

迷うことの解決のためには、迷う内容をはっきりさせ、自分が判断しやすくすることが必要です。

黄色は、「要らない」と「要る」が同じだけあるので、迷っているのです。

ですから、その**迷いの中身を分解すればいい**のです。

分解する内容は、何が要って取り入れるのか、何が要らなくて手放すのか、この2点です。つまりそれは、拮抗《きっこう》している、取り入れる「青」と押しやる「赤」の2つにちゃんと分けてクリアにすることです。

こうした混乱が起きる時は、何か、自分にとって新しいもの（考え・方法など）がやってきて、「それを、取り入れたらいいよ」と誰かに勧められた場合があります。しかし、そう言われても、「取り入れたらいいように思うけれど、

大丈夫だろうか」、「取り入れないほうがいいのでは?」と迷うので、混乱してしまうのです。

そして、そんな混乱は、大きく分けて、2つのパターンがあります。

Aパターンは、何かを「取り入れたら?」と言われ、意識では青、つまり「取り入れるべきだ」と思うのに、こころの奥では赤、つまり「なんだか、それはいやだと反発している」場合です。

反発しているのは、「自分のこころの声」です。ここに気づいてください。

Bパターンは、意識は赤、「それをはねつけないと、今までの自分の考え方ややり方を否定することになってしまう」とその勧めにノーと言いたいのに対し、心の奥は青の状態で、「その方法を取り入れたら、自分の成長の機会になるのでは?」というこころの声も無視できない、という場合です。

具体的に考えてみましょう。やってみたいと思っていた仕事のチャンスがやって来たのに、そのチャンスにすんなり乗っていいのか、迷ったとします。

Aパターンの場合、「待っていたチャンス! 生かさなくてどうする」とイエスと言って取り入れたいのですが、迷うなら、何故なのか、分解します。

何かがこころの奥で、「やめたほうがいい」と言っているのです。

それは、「この話、なんだかうますぎないか。ちゃんと調べたほうがいい」というような場合と、「今の私では、自信がない…」という場合です。「自信を持てるまで待ったら、一体、いつになるかわからない」と思うなら、勇気をもって、チャンスを生かす一歩を踏み出せます。

Bパターンなら、「その仕事はチャンスかもしれないけれど、新しい方法なので、自分のやり方を生かせない」ことが、やめようかと思う理由だとします。しかし、こころの奥の声が、「待っていたチャンスだし、新しい方法も学べるのに、もったいない」とささやきます。すぐに断らず、自分のこころの声を無視しなければ、どうすればいいのか、わかるでしょう。

こころの声を聞けば、**選択の答えは、外ではなく自分の中に見つかる**のです。

**ポイント こころの声を受け止めると、何を選択すればいいか、はっきりする**

黄の章

# 他者と自分の比較をやめる

美佐さんは、45歳の主婦。この話は、「自分らしく輝くための方法」です。初めてカウンセリングで、彼女の話を聞いたところ、彼女は常に戦っていて、とても負けず嫌いだとわかりました。

「誰に、負けたくないの?」とたずねると、

「姉です」と、きっぱり。

なんでも、お姉さんが、美人でとても勉強ができる方で、子供の頃から、

「お姉ちゃんに比べて、あなたは…」と常に母親に言われていました。

「見返してやりたい」と思う気持ちで、成績は、常にオール5。スポーツもトップ。大学も、お姉ちゃんより難関校をと、地方から東京の名門大学に進学。就職も、お姉ちゃんよりいい会社、結婚もお姉ちゃんより早く、が目標でした。

そして、誰かと競い、勝つことで自分を確かめるようになっていきました。

就職後も、負けず嫌いは変わりません。たまたま、上司ににらまれ、営業に異動。辞めさせたいのかと思わせるノルマも常にクリア。勝てた自分は誇らしく、人より優位に立ち、スゴイと言われれば、自分は確かだと思えました。

彼女が、色を通じて自分の内面を学び始めた頃、黄色をたくさん選びました。ある時、自らのこころの内側を、はっきり認識する機会がありました。

それは、「裁いてはいけない」という、黄色の言葉に出会った時です。

「あ…私って、今まで、自分を裁いていたんだ…。それで勝ちたかったんだ」と気づき、その瞬間、「裁く」の表現通り、自分を批判していたとわかりました。

厳しい自分に酔ったのも、完璧でない自分を責めていたからなのです。

いい人生を送るために勝つことが必要なので、自分に厳しく努力するのは当たり前。甘い人は怠けていると思っていました。しかし、それは他者をも裁くこと。

彼女は、人より優位に立って、人を陰《かげ》にし、自分を輝かせようとしたのです。

そんな裁く視線を向けていた一人に、実は、自分のお子さんがいました。

現在、高校生の長男は、美佐さんの思い通りにはなっていきませんでした。「私なら、もっと努力して、勉強でトップ取るのに、何であなたはそれができないの？」と、彼女は、いつも歯がゆく思っていました。

彼女にとって、長男は、初めて、思い通りにならない存在でした。

でも今は、「なんて子供にかわいそうなことをしたのだろう」と真に思います。そして、「自分の攻撃をうまくかわしてくれて、ありがとう」と感謝。

美佐さんは今、**自分を裁いていたものの正体が、自分への自信のなさ**だと、わかっています。人より優位に立てば、自信を得られると錯覚していました。

裁くことをやめたら、とたんに楽になりました。他者との優位性を競うのは、エンドレスで、緊張の連続だったのです。無理に頑張ることもなくなりました。

そして今、人との比較ではなく、シンプルに、太陽のように、自分で輝けばいいと、腑《ふ》に落ちました。ゼロから、もう一度、自分を生きようとしています。

**ポイント　人は、他者を陰にしなくても、自分が太陽になって輝けるのです**

## 悪くない自分は、もう裁かない、と決める

　千晴さんに初めて会ったころ、彼女に意見を聞くと、「…ってことですかね？」と、こちらの顔色をうかがうような返事をしました。「私は、こう思います」とはっきり言えなかったのです。

　そんな様子に、「もしや？」と思ったら、やはりそうでした。小さい時から、親から裁かれるように、怒鳴られ、時に手が飛んでくることがあったのです。

　いつも叱られるのではないかとびくびくし、相手の顔色をうかがっていました。サバイバルのため、子供心に自分を押し殺し、主張しないようにしてきたのです。

　そんな千晴さんが結婚した夫も、父に似て、ささいなことで彼女を責めます。罪悪感をあおる言葉で、彼女は精神的暴力を受けているかのようでした。

　そんな中、家計を助けるために行った仕事では、営業成績を上げれば評価さ

れるので、「仕事＝自分の価値」と錯覚し、仕事中毒になったことも。

千晴さんが、何かに引き付けられるように、色でこころを学び、自分を理解して気づいたのは、「自分は、自分を失っていたのだ…」ということでした。

そして、色を通して、こころの奥がわかるようになると、夫が自分を裁くような暴言を投げつけるのも、「彼自身、自信がなくて、自分が優位に立ちたいために、やっているにすぎないのだ」とわかりました。

一番大きかったのは、「私が、悪いわけではなかったのだ」とわかったこと。自分が原因とは思えない暴言に「違う」と言いたい「Ｎｏ！」の気持ちと、「何か自分が悪いのかも」と受け容れる「Ｙｅｓ」しかなかった混乱が、受け容れなくていいと、はっきりしました。自分の混乱の正体が、わかったのです。

それから、彼女は変わりました。こころの声に従い、自立を決心したのです。

そして今、自分と同じ悩みの人をサポートしようと、取り組んでいます。

**ポイント　意味なく裁かれて生じた混乱は、中身を知れば、自信に変えられる**

## 本当の自分を求めなければ、自分らしく生きられる

仏教の三毒、煩悩の根源は「貪・瞋・痴（とん・じん・ち）」でした。

「貪」は青と関係し、求めて、取り入れたものから、離れられないこと、この「もの」とは物質だけでなく、考えなども含みました。瞋とは、「怒」で、赤と関係し、自分の欲しいものではないと、はねつけることでした。

では「痴」とは何でしょう。愚かで「無智」であることだと言われますが、これは、単に知識として、モノを知らないと言うことではありません。

そうではなく、**「絶対に確かなものは、ない」と、わかっていること**なのです。

黄色では、「混乱」や「迷い」の過剰が、人生を難しくする理由でした。

そして、選択する時、より確かな答えを求めるうちに迷い、わけがわからなくなって、選ぶことを放棄してしまう、そんな状態が、課題になりました。

それでは、自分の意志で人生を切り拓けません。

そして、選べないのは、「自分が、何を望んでいるのか、わからなくなっているから」でした。それは、自分をどこかへ置き去りにしたような、「自分不在」の状態です。

「自分探し」とよく言われますが、たいてい、青の章で書いたように、「自分の目的を探すこと」に置き換えている人が多いと思います。それを「仕事」と、狭い意味で捉えている人も少なくありません。

しかし、**探すべきは、人生の目的より、自分自身です。自分を不在にしておいて、目的を探せるわけがありません**。

そして、ここでまた、勘違いしてはいけないことがあります。自分に気づく、自分を探すと言うと、また、「本当の自分像」を探したくなります。

しかし、「本当の」に、「正解」という確かさを求めては、「無智の罠《わな》」にはまるでしょう。赤の章にも書きましたが、**本当のあなたは成長する**からです。今、ここで、このことを読んでいる瞬間も、きっと成長し、変化しているのです。

ですから、「本当の自分像」など、先に追わないことです。

先の例で、美佐さんが、気づいたように、人との競争で、相対的に優位であることが、自分の確かさを証明することではありません。

逆に、千晴さんのように、他者が、その人自身を優位にしたくて、自分を貶《おとし》めてきた場合も、自分が人より劣ることを証明されたことにはなりません。

そして、どちらも、そのことで気づいたのは、「本当の自分を生きていなかった」と言うことです。彼女たちは、気づいたとたんに自分を取り戻し始めました。だからと言って、本当の自分に行きついたということとは、異なります。

自分が、今、ここに生きて、何を感じているのか、何を考えているのか、何を望んでいるのか。まず、それを正直にキャッチすることが、自分らしくある第一歩。そして、それを貫くのも、たとえ譲歩して、人の意思にゆだねるのも、あなたが本当に選んだのなら、自分らしいのではないでしょうか。

**ポイント** **自分への絶対像を手放して、今ここに生きる**

黄色モードをシフト・チェンジ

## 自分の中心を意識して、安定するための呼吸法

ご紹介するのは、自分の中心を意識して、自分は大丈夫、と思える呼吸法です。

自分の中心を意識することを、センタリングと言います。

黄色モードの方は、外側の情報を意識し過ぎて、どうしても意識が、外へ拡がりやすくなります。そこで、一度、自分自身の中心に戻り、自分の力につながっていく方法を試しましょう。上がり症にも効果的です。

楽な姿勢で椅子に座ります。ゆっくり息をはいて、目を閉じていきましょう。

息をはくたびにリラックスし、自分の中が空っぽになるのを感じます。

十分にリラックスしたら、おへその少し上、さらにやや内側を意識します。

そこがあなたの中心です。そして、あなたの意識をそこに向けておきましょう。

次は、実際に、手の動きを付けてみるとよいでしょう。

あなたの中心のおへその少し上あたりに、両てのひらを体に向け身体から少し離してかまえます。ゆっくり息をはきながら、その手で円を描くように、手を中心から、おへその下まで降ろしたら、向こう側へと腕を伸ばします。鼻から息を吸いながら、胸の高さを通り、目の高さまで半円を描いて上げていき、ふーっと息をはきながら、ゆっくり、手前に降りてきます。

手が降りてくる時、おへその少し上の中心を円が通過するように、意識してください。繰り返すと、次第に呼吸が深くなり、気持ちが落ち着いてきます。

また、手が手前に降りてくると、はく息で体がゆるみ、中心が意識され、次第に気持ちが安定し、自分が自分でいられます。自分は大丈夫！　と思えます。

慣れたら、イメージだけでも、できます。逆回りは、意識を外に広げ、呼吸も浅くなりますので、逆効果。くれぐれも、ご注意くださいね。

**ポイント** **呼吸でセンタリングすると、安定できて、自分が自分でいられる**

### 黄色モードをシフト・チェンジ

# 確かな自分をつくる「表現交換」法

さて、自分らしく生きたい、そのためには、「自分を確かな存在として、自分を認めてあげられたら…」と思いませんか。

黄色が、赤と青の両面の性質で、拮抗《きっこう》しているとお伝えしました。だから、赤と青の両方をシフトさせることを、取り入れてみましょう。

青のシフトのためには、自分の考えをとにかく表現することです。それはコミュニケーションとして、青の章でお伝えしました。

人は、自分の思いや感情、考えを人に聞いてもらおうと、表現して初めて、自分が何を考えているのか、感じているのか、わかってくるのです。

黄色では、自分自身を抑えたために、表現の仕方がわからず、自分自身がどうしたいのか、混乱する例もお伝えしました。

だからこそ、表現してみるしか、ありません。あなたが、何を考えているのか、自分が表現してみないと、知らなかった自分に出会えないのです。

そして、次に、自分を育てるために、これにトライしてください。

それは、「相手の話をよく聞くこと」です。

特に、相手に自分が話したことを聞いてもらい、それについて話してもらうことです。場合によっては、あなたの話に対し、否定的でちょっと、カチンとくる内容があるかもしれません。赤でお伝えした、Ｎｏ！の感覚です。

でも、その方がいいのです。なぜなら、その人が自分の話を聞いて、考えてくれたことで、自分の知らない世界を教えてくれているからです。そこで、赤で学んだ、「少し離れて見る」ことを思いだしてください。

相手が言ったことの意味を、ちゃんと理解してみます。わからない所があれば、「そこが、よくわからない」と、もう一度、話してもらってもいいのです。

相手が言いたいことがわかってくると、価値観や発想などに、自分と違うものがあるとわかります。それは、自分と違っていいですし、違うのが当たり前です。それが、その人のユニークさ、個性なのです。

黄の章

また、あなたも、その人と違うからこそ、あなたの個性を発見できるのです。

だから、相手の話をありのままに聞いて、さらに、言ってみましょう。

「なるほど。あなたはそう思うのね。それでこの点、私はこう思うのだけれど、あなただったら、どう思う？」と。

相手もそれを、聞いてくれて、あなたにあって相手にない考えを得ます。

そして、相手も、初めて考え、表現し、未知の自分に出会う機会になります。

そうして、相手も、あなたと違う存在だと言うことが、見えてくるのです。

こうして、相手と自分は違う存在となり、二人の境界線が、はっきりします。

**「私は、もっと、私になり、あなたは、もっと、あなたになれる」**のです。

これは、どちらが優れているとか、いないとかの比較ではありません。

そして、異なる世界を知って、さらに自分になり、自分を認められるのです。

**ポイント** **自分が自分を確立するためには、自分だけでなく人の世界と関わる**

## 人と関わって、はじめて自分がわかる

コミュニケーションの発展形をお伝えしたのですが、もう少し、突っ込んでみましょう。表現することとは、主に三つあります。それは、「知・情・意」。「知」は、知識や情報、思考、観念。「情」とは、感情。「意」は、欲求です。「固まってしまうのは、よくない」と、何度か、お伝えしました。それは、流れが滞るからです。実は、私たちの生命は、流れの中にあるのです。

本来、生命には、流れの中に起こる自然発生的な秩序があるのですが、生命をカタチがあるようなモノとして扱うと、固まったものになってしまいます。

青の章でお伝えした、老子の「道」は、その大きな流れです。

血の巡りが悪い、と言うように、東洋医学では、「気・血・水」が巡っていると健康で、これらが滞ると、病気になると考えられています。

何でも、インプットされたあと、アウトプットされて、「流れ」になります。

呼吸は、吸って、はいて、というインプットとアウトプットの連続です。食べたごはん（インプット）が、適切にアウトプットされないと、便秘になります。つまり、「流れ」になりません。

体の気・血・水を精神的な面で見てみると、「知・情・意」になります。先ほどの知・情・意の流れも、インプットとアウトプットにほかなりません。「知」は、インプットとして、「教わったら、教える」ことで、脳が情報を回し、アウトプットがなされ、スムーズな流れになります。「情」も、味わった感情、例えば、悲しみも溜め込まずに、人に聞いてもらうなどのアウトプットがなされて、流れになります。「意」の欲求、とりわけ愛に対する欲求は、赤でお伝えしたように、愛を受け取って、与えられれば、インプットとアウトプットの流れになります。

色なら青がインプット、赤がアウトプットになります。

黄色モードで現れる「混乱」とは、この「流れ」が滞った状態です。

これらにスムーズな流れを作るのは、前の項でお伝えした「表現の交換」、つまりコミュニケーションなのです。

うまく表現できないと思っても、「何とかわかってもらえるにはどうしたらいいのだろう?」と考えていくと、理解する力が高まっていくのです。

それは「あの人の世界の中で、私の世界のことをわかってもらうには、どうすればいいのか」と考えると、自分と違う相手の世界を理解できるからです。

知・情・意において、表現が交換され、流れとなり、あなたは精神的に成長します。与えたり受け取ったりするのです。

他者とかかわることで、自分も相手も、より明確になっていきます。

こうして**「私」は、もっと「私」になります**。

自分も人も、あるレッテルを貼るようにアイデンティティを決めつけない、固めない。あなたは成長して、どんな人になるのかは、未知数なのです。

**ポイント　人と関わり「知・情・意」の流れにいると、私は確かと感じられる**

黄色モードをシフト・チェンジ

## 自分を信じてあげられる言霊

黄色の言霊《ことだま》を最後にご紹介します。黄色の言霊は、「自分の確かさを信じられる」ものです。それが、混乱を解きほぐすカギだからです。

どうしても、自分がわからない、自分のこころの声が聞こえない、自分が確かな存在だと思えないと思ったら、これを読んでください。

本当の自分を見つけようと、頑張る必要はありません。むしろ、そうしようという考えから離れて、自分を自由にしてあげましょう。

そうしたら、自分のこころの声を聞けるでしょう。

その時、「ちゃんと自分はいる」と、わかるのです。

**ポイント** **言霊で、自分は確かな存在だ、と信じる**

私は、私が価値ある存在としてこの世に生まれ、自らの力で人生を切り開けることを確信する必要がある。

私は、私が価値ある存在としてこの世に生まれ、自らの力で人生を切り開けることを確信する必要がない。

私は、私が価値ある存在としてこの世に生まれ、自らの力で人生を切り開けることを確信する必要があるは存在しない。

私は、私が価値ある存在としてこの世に生まれ、自らの力で人生を切り開けることを確信する必要がないは存在しない。

私は、私が価値ある存在としてこの世に生まれ、自らの力で人生を切り開けることを確信する必要があるにしてない。

私は、私が価値ある存在としてこの世に生まれ、自らの力で人生を切り開けることを確信する必要があるにしてないは存在しない。

私は、私が価値ある存在としてこの世に生まれ、自らの力で人生を切り開けることを確信する必要があるにしてないは存在しないということも存在しない。

私は、私が価値ある存在としてこの世に生まれ、自らの力で人生を切り開けることを確信する必要があるか又はない。

私は、私が価値ある存在としてこの世に生まれ、自らの力で人生を切り開けることを確信する必要があるか又はないは存在しない。

私は、私が価値ある存在としてこの世に生まれ、自らの力で人生を切り開けることを確信する必要があるか又はないは存在しないということも存在しない。

# 終章

## 自分に優しく、やさしく生きる

## ひとつの色の性質だけを持つ人はいません

「赤について書いてあること、ちょっとイタいかも」「青みたいなこと、うん、あるある」「黄色の面、実はそういうことだったわけね」……

お読みになるにつれ、3色すべての色について、どれも心当たりがあるように感じた方も多いのではないでしょうか。

そうです。ひとつの色で100％という方はまずいません。3つの色の側面は多かれ少なかれ、かなりの人が持っている体験でしょう。人は多面的なので、一人の人の中にいろいろな面があるのです。

今この瞬間にも、あなた自身の意識は、変わっていくように、その人の意識を象徴する色が変わっていっても、不思議ではありません。

各色について、もう一度簡単に振り返り、その後、2色以上の対応について、お伝えしようと思います。

カラコロジーで言うモードとは、過剰にその色の性質が現れた、偏った状態を指します。そして、シフトとは、その偏った状態から抜けて、色の質が美しく現れた状況に変わることです。

### ○赤

赤のモード状態では、Ｎｏ！と反発する感覚が強いので、怒りとなって、やって来るものをはねつけます。しかし、怒りの反面、自分へもＮｏ！と反発するために、自己否定感を育てます。愛を受け取れない上、自己否定によって、自分への愛も自給自足が難しく、愛に飢えて、愛を求める行動をします。

シフトするには、反発した対象を客観的に見ることが前提です。

客観的に見られれば、怒りを感じた相手を理解し、許せるようになって、自分も怒りから解放されます。

つい、自分に×をつけて否定した場合も、「今、自分に×をつけたな」と気づきましょう。×なのは「仕事のミス」なのに、「ミスした自分」に×したような場合は「自分という存在が×ではない」のだと気づきましょう。ミスなら、リカバーできるのですから。それがありのままの状態です。

少しずつ自分を受け容れると、自分で愛を満たす「愛の自給自足」ができます。他者を理解できるようになり、思いやり深く、自然に愛を与えられます。

**シフトの方法**↓怒りの解放のエクササイズ、ピンクの色彩呼吸法、自分を受け容れる言霊、自分を満たす言霊もぜひお試しを。

### ○青

青のモード状態では、Ｙｅｓと言って、断りません。表現が苦手で、言いたいことが言えません。取り入れる性質のために、仕事を引き受けすぎてパンク状態になることがあります。しがみつき過ぎるのも、青モード。現状維持で、変化を拒み、答えと思って取り入れたものに、しがみつくことがあります。

また、生きる目的を求めすぎて、かえって道に迷う人もいます。

シフトするには、考えをアウトプットし、表現に慣れること。コミュニケーションがスムーズになると不要な感情が消え、こころも穏やかになります。しがみついていたものに気づき、「必要な時に必要なものは手に入る」という、人生のプロセスを信頼し、流れにゆだねます。広い意味で受け容れていきます。**シフトの方法**→出さない手紙を書く、平和の瞑想、プロセスを信頼する言霊が役に立ちます。

### ○黄色

黄色のモード状態では、黄色信号のように、ＹｅｓかＮｏか、わかりません。混乱しやすく、決断を迷います。自意識過剰で、人から見られているように感じ、常に緊張状態。確かさを求めすぎ、自分の気持ちを抑え、自分がどうしたいのか、わからなくなりがち。自己批判的で、自信がないと感じます。

シフトするには、混乱しているものは何か、特に何に抵抗があるのか、また、受け容れていいのかをはっきりさせます。その際、自分がどうしたいのか、こころの声に耳を傾けましょう。自分に正直になると、自分がどうしたいのかが、はっきりしてきます。確かな答えを求めすぎず、緊張はゆるんできます。そして、本当の自分を生きる一歩を踏み出します。

**シフトの方法**→センタリングのエクササイズと、自分が価値ある存在だと確信する言霊は効果的です。

2色以上に高ポイントが出た場合について、これからお伝えしましょう。

## 2つの色のポイントが高いパターン

序章のチェックの得点数は、次のような要領で見ていきます。

ポイントが高い数字が2つあれば、ざっくりと、その色をそれぞれ1／2で見ると考えてください。

数値を%で出せば、よりクリアですが、お手間なら、次の例をご参考に。

合計30点で、赤が13点、青が6点、黄色が11点なら、赤43％、青20％、黄色37％。

％を出す計算は面倒だと思いますので、あまりこだわらなくても大丈夫です。たとえば、合計30点で、赤が13点、青が6点、黄色が11点の場合。赤と黄色の点数がほぼ同じなので、アバウトで赤1／2、黄色1／2ととらえます。

赤と青が同じ程度のポイントなら、赤が、1／2、青が1／2あると言うことです。赤が100％と青100％ではありません。それぞれ全体の50％よりやや少なめです。主に読むのは、その2色です。

読むのは、どちらが先でもかまいません。とりあえず、その色の章の前半に書いてあることに、「これ、自分のこと？」と思うことがあれば、それに対応するシフト法をお読みください。

赤1／2なら、何かに怒りがないか、自分を否定していないだろうか、と振り返ります。もし自分に対して、怒りがあるなら、少し自分を客観的に、「ありのままの自分ってどうなんだろう?」という具合に見つめます。

つい自分にダメ出ししていたと気づいたなら、「それは、自分が作った条件で、ダメ出ししたのではないだろうか…?」というふうに。

自分との対話が進んだら、対応するシフト法をしてみてください。

そして、青1/2。表現することがうまくないのか、取り入れ過ぎて一杯一杯なのか、しがみついているものはないか。または、人生の目的に気づくことにこだわりすぎていなかったか、などと、内省してみます。

しがみついたものに思い込みはないのか、考えてみましょう。もちろん、シフト法をおすすめします。


赤と青は、YesとNoで、外に向かうか内に向かうかで、相反する性質があります。それらが半々ということは、互いに反発しあったり、それぞれのモードがからみあった形になることもあります。

反発の場合は、No! という気持ちとYesと受け容れようとする気持ちが同じくらいあり、黄色のように迷うことになります。

それならば、黄色の混乱や迷いについて読んでください。合わせてシフト法もお役に立ちます。

青と赤がからみあうと、たとえば怒り（赤モード）にしがみつき（青モード）、潜在意識で、自分にＮｏという、怒りを自分にぶつけ（赤モード）、こころの平和を欠く（青モード）のような、複合的な課題になることもあります。

色なら、赤と青を混ぜた「紫」になります。

また、赤２／３、青１／３くらいの時もあります。色は、「マゼンタ」。

この場合は、ポイントが高い赤を優先しますが、青１／２より低めながら、青からも影響を受けているので、青も参考にしてください。

このようなからまった内容の場合、自分で見るのは難しいと感じるかもしれませんので、巻末付録につけた、色の組み合わせの一覧を参考にしてください。

それでも基本は、その色を読んで、一つ一つをやっていけば、いいだけです。

## 赤1／3、青1／3、黄色1／3…色が見えなくなるパターン

赤と青と黄色のモードが、ほぼ均等にある…これはどういうことでしょうか。チェックの結果、そんな方もいらしたと思います。

その人の色が見えない…これは、その人自身が、失われたかのようです。個性のことをカラーと言うことがあります。スクールカラーなら、その学校の個性をイメージした「カラー」が使われます。まさに色は個性なのです。

その個性が見えない…これは、色が消えたように見える透明な状態です。透明は「クリア」と呼べるのですが、クリアな光を作るための、いわゆる光の3原色は、赤・青・黄色ではありません。しかし、話をシンプルにするために、ここでは、物理的な理論は、とりあえず脇へ置いて話を進めます。

さらに仏教の三毒が赤・青・黄色につながるなら、このクリアの状態は、三

毒の全てを苦しみとして抱え、身動きできなくなったイメージです。

では、3つの色のポイントが均等なら、どうすればいいのでしょうか。

3つが固まって動かないようですが、基本は同じ。各色ごとに気になるものから読んでいけば、OKです。

赤↓怒りや自己否定感があるなら、それらを客観的に見る

青↓しがみついて手放せなかったものが何なのかに気づきます。場合によっては、赤で客観的に見て気づいたことに、青でしがみついている可能性があります。気づいたことが怒りや自己否定で、それらにしがみついていたのなら、許すような感覚で、離れるといいでしょう。

黄色↓黄色の錯覚、つまり、正解を求めないことが大切です。

また、赤と青の両方からきた、混乱があった可能性があります。そこから解放されれば、すっきりしていくはずです。

こうすると、固まった3色が、流れを作り始め、シフトしていくでしょう。

終章

## モヤモヤしている今は、次のステージへの扉が開く時です

どんな人にも複数の色の過剰な性質があってあたりまえ。

そして、一人の人は、ある色のモードにはまりつつも、シフトしながら変遷するのが、普通。だから、今、信号が何色でも、その色が「私の性質」と思う必要はありません。

たとえば、あなたが、優柔不断でチャンスを生かせないとします。チェックリストでは、青と黄色のポイントが高く、青1／2、黄色1／2でした。それは、単に決断に迷うだけではありません。迷いに加え、今の状態にしがみつき、チャンスを生かすためのアクションを起こすのをためらっているのです。

色で分解すると、「迷うという黄色の要素」、それに「現状にしがみついていたいという青の要素」が一緒になっています。アクションを起こすのは、「外

へ出る、赤の要素」。

青と黄色が結びつくと「緑」です。赤とは、正反対の色、補色です。

この場合、今のあなたは外に意識が向いてないから、赤がないのでしょう。

こうして、優柔不断でチャンスを生かせないわけが、3つの色を通して、すべて見つかります。

しかし、黄色と青がシフトして、迷いを捨て、現状にしがみつくことをやめたなら、「現状維持を超えたい！」と、あなたはアクションを起こすでしょう。バックに、「情熱大陸」のBGMが流れ出すイメージです。

このことは、黄色＋青＝緑で優柔不断だった状態は、シフトすれば、アクションという補色の赤の可能性もまた、潜在的に持っていることを表わします。

一見、「困ったな」と思われる優柔不断な状態も、次の可能性へのプロセスにすぎなかったのです。

この例のように、色の要素が変わっていくのは、あなたの意識がシフトした…つまり成長していったからです。

今、モヤモヤして、自分がいい状況に感じられなくても、それは、次へのプロセスです。今は、持っているものが花開く、準備段階なのです。

ただ、今は、「もったいない」状態であるには違いありません。

意識のシフトチェンジの仕方を色で知って、次の扉をさくっと開けましょう。

たとえば、こんなふうに。

青1／2、赤1／2の人の場合、「私の人生の目的は？」と自分探しに意識がいきすぎていたと気づきました（青モード）。そして、「今の職場は、私の居場所ではない！」と反発していたことに、気づきました（赤モード）。

ところが、（赤シフトを意識して）その仕事を客観的に見直そうと、先輩の仕事の仕方なども観察したら、自分の気づいていなかったやりがいが見えてきた。

それで（青のシフトを意識し）流れを信頼し、自分も目の前の仕事に本気で取り組んでみました。すると、仕事の改善点なども見えて、ない知恵を絞って、新たなアイディアを提案したら、思いがけず評価された…。

しかも提案した内容から、「あなたの力を、次のプロジェクトで、もっと生かしてくれないかな」と推薦された……。

こうして、次の扉が開くのです。

**青と赤を混ぜると「紫」。**選ぶ色の視点で言えば、**紫を選ぶ人は、「変化」の可能性を持っています**。そして、変化は、このようにして起こるのです。

赤と青のシフトを意識して、起こっていることに、ある距離をもってかかわりながら（赤）、プロセスを信頼しています（青）。

紫の補色は、黄色。自分の外の世界と本気でかかわりはじめた結果、自分の価値が見えはじめ、自信が生まれていきます。これは隠れていた黄色のシフト。ようやく、自分が、人と違うどんなものを持っていて、それを生かしながら、どんなふうに生きていきたいのかが、少しずつわかってくるのです。

## 人生のプロセスに現れる、赤・青・黄色

実際に、赤、青、黄色が、人生と言うステージにどんな形で現れるのか、私がよく知っている人――私自身を例にとってお伝えしましょう。

私の20代半ばは、まず赤1／2、青1／2でした。前の項の例によく似ていて、「ここは、私の居場所ではない」という拒否感による赤モードと、「私には他にすべき仕事があるのでは?」という青モードも全開でした。

新卒で、百貨店に入社。外商で営業を経験後、輸入ブランドのファッション部門でショップ運営と販売を担当。店長が産休時、代行で売り上げを達成しました。しかしその実績が無視され、私は、黄色モードの混乱状態に陥りました。

赤と青に黄色の3色モード。この頃、私は、簡単に自分の色を失ったのです。常に胃が痛み、身体はがたがた。ストレスと身体のつながりを痛感しました。サバイバルのために、その職場から、物理的に離れることにしました。不十分な赤のシフトですが、すでにぼろぼろの心身を助けるための避難でした。

そこで、前向きな異動理由を作ろうと、資格を取得。資格を生かしたいと、人事に訴えたところ、思いがけなく、カルチャースクールに異動することに。青と黄色モードは、何とかシフトさせ、次の扉を開けることができました。しかし、この段階では、まだ自分を否定していた赤モードにシフトさせる術もなく、向き合うこともできず、次のステージに持ち越されました。

人は、こころの準備ができないと、自分に向き合うのは難しいと仕事柄、よく知っています。

もしも、その頃、色が、私の人生をナビゲートしてくれていたら、どんなに助けられたでしょうか。だから、あなたにはお伝えしたいのです。

## 3つの色にある「人生を難しくさせる共通点」

さて、ここで確認したいのは、3つの色のモードにある共通点です。

その共通点とは、実は「錯覚」や「思い込み」、「とらわれること」なのです。

赤の「自己否定」。これは思い込みです。

「あるべき自分像」を自分で描き、「なるべきもの」としての理想の姿を「思い込み」ました。

その結果、その思い込んだ理想像と実像のギャップから、自己否定は生じています。そして、ギャップそのものも、錯覚です。

さらに、赤の章では、自己否定の背後に、罪悪感があることが多いとお伝えしました。そして、その罪悪感は、勝手にインプットされた可能性が高いことも。それによって、自分を否定する根拠は、ないのです。

青では、言われた仕事を「断れないこと」としてとらわれ、「人生の目的を見つけることこそ、自己実現の鍵」、「好きな仕事をするのが幸せ」も、お伝えしたように思い込みであり、錯覚です。

そして、黄色で「何かを選ぶ時、確かなもの（考え）が存在し、それを知れば、間違いがない」と前提にするのも、思い込みや錯覚です。

思い込みにとらわれると、「そうであらねばならない」と人生は膠着《こうちゃく》し、枠や型になって、生き方をしばり、固めていきます。

気がつけば、いつの間にか、その枠や型にはまって、逃れられなくなる。

**なんて、不自由なのでしょう。**

実は、人生を難しくする理由をたった一つだけ挙げるとすれば、それなのです。それが、あなたらしく生きることを妨げるものなのです。

そして、それは簡単に作られてしまいます。

もし、あなたが、これらの思い込みから解放されれば、人生をもっとしなやかに、やさしく生きられるのではありませんか。

終章

「しなやかに」というのは、周囲の変化に影響されつつも、自分自身も学び、自分も変わりながら、成長し続けるということです。

あなたも、常に変化する社会の中で、人とのかかわりが常に変化することを避けられない環境にいます。

仏教では、変わりゆくものには、実体がないと言います。そして、あらゆるものが、変わりゆくのです。ですから、あらゆるものには、実体がありません。あらゆるものは、お互いが関係しあって生滅するので、「私」という自我は存在しません。自我、実体がないから、思ったとおりにならないだけです。思うとおりにならない苦しみは、実体があると錯覚することから来ています。

だからこそ、人生を難しい方向にしないコツを、たった一つだけ挙げるなら、「今いる状況には、何か思い込みや錯覚していることはないか。とらわれていることはないか」と、常に自分に問いかけることなのです。

## 人生はステージを上げて、気づく機会をくれるのです

ところで、私の場合ですが、20代の3色モードは、かろうじてシフトしたかに見えました。しかし、し残した宿題を次のステージで、シフトに向き合うプロセスをしっかり体験しました。

カルチャースクールに異動後は、次第に、この仕事が、天職かもしれないと思えるようになりました。仕事をして幸せを感じたのもこの頃です。

私が企画した資格の取得講座で、専業主婦だった方が、その資格の専門職で採用をされました。フラワーアレンジメントの講師として、飛躍される方も。

私の役割は、人の変化を助けることだと気づいたのは、「青」のシフトでした。

しかし、ここに大きな落とし穴があったのです。

ある日、腹痛を起こし、緊急手術を受けたところ、大腸がんが発覚。

病気の混乱を抑え込み、復帰して、元のように仕事に没頭するのもつかの間、またもや体調を崩したのです。今度は、婦人科でがんが見つかったのです。再び、手術。そして化学療法のため、今度は長期入院を余儀なくされました。翌年復帰しましたが、「入院中にあたためていた、新しい企画を次々に形にしなければ…」とまたも懲《こ》りずに仕事に没頭しました。

実は、この時、20代で処理できなかった3色モードが、こぞって私にシフトを迫っていたのです。今度のプロセスは、ステージが上がっていました。私は、後に、臨床心理学を学びましたが、その時、「禁止令」という言葉を知りました。私が仕事でやりがいを感じて、ハッピーになるたびに、なぜ病気になったのか、その答えの一つとして心理学で理解して、がく然としました。

禁止令というのは、無意識で、それをやってはいけないと、自分で自分に禁止命令を出すことです。私の場合は、無意識で幸せを禁止していたようです。

禁止は、「Ｎｏ！」です。これは、赤。仕事がうまくいき、幸せを感じるたびに、まるで、自分を罰するかのように、自分を病にした可能性があるのです。さらに罰を受けるような自分を、潜在的に否定していました。

「赤の章」で書いたように、罪悪感や自己否定感は理由なく作られるのに。

今だからわかりますが、仕事で頑張っていたのは、自分という存在を承認して欲しかったのです。愛されたかったのです。これは完全に「赤」モードです。

さらに、人から喜ばれていても、自信はなかったのです。「自分の基準はこれ」という軸が定まっていないので、いつもできない自分に批判的。当時を振り返ると、自分の価値を確かめるために、仕事での反応が欲しかったのです。

これでは、関係性の中で自分を高めると言うよりも、良いと言われないと不安なだけでした。完全に黄色モード。

自己否定の赤と黄色を混ぜた「オレンジ」は、依存を意味します。私の場合は、仕事依存でした。裏返せば、青モードで、仕事にしがみついていました。

このオレンジと青は、コインの裏表のような補色の関係です。

仕事で自己実現をしたと思ったのは、大きな錯覚でした。むしろ、3色混ざった状況を作り、自分の色を失うという、大きな落とし穴に落ちていました。


相談者には、時々、当時の私に重なるような仕事の仕方をして、ぼろぼろになっている方がいます。必死に生きているうちに、自分をどんどん傷つけていくような。また、そんな方に限って、かなりアブナイ状況にあることを受け容れられません。受け容れたら、自分を支えているものまで失いそうだからです。


私はその後、この仕事の扉をピシャリと閉ざされ、セラピストの道に進みます。こうして、しがみつきの青モードから、強制的に引きはがされ、シフトのために「プロセスを信頼する」感覚を学ばされました。

さらに、赤と黄色のモードのシフトは、私がセラピーを学び、ようやく自分と向き合えるようになった後。ようやく解放されて、自分に優しくなれました。20代のシフトとは、ずいぶん次元が違ってきました。今では、多くの人たちと関わり、日々、自分を成長させていただく喜びを感じることができます。

## 弱い人たちは、かなうことのない夢を見る

「生きて行くってことは
とてもむずかしいから
ただ日を追えばいいのだけれど
時にはとてもつらいから
　弱い人たちは
　　特に弱い人たちは
かなうことのない夢を見るんですよ」

「ポーの一族1」萩尾望都　著　小学館文庫

この言葉は、萩尾望都さんの大傑作コミック、「ポーの一族」の「グレン・スミスの日記」（1972年）より引用しました。

私が、初めてこのコミックを読んだ当時、まだ高校生で、「生きて行くってことは、とてもむずかしい」と、しみじみ思うには、まだ若すぎました。

でも、この言葉が、どこか切なく、何かがひっかかったままでいました。

詳細は、ここでは避けますが、「ポーの一族」は、バンパネラの少年が、時代を超えて旅を続ける大長編ファンタジーです。

この作品、すでに40年が経過していますが、今の時代でも、人は、特に弱い立場の人は、「かなうことのない夢」に逃げ場を持ちたいのではないでしょうか。

「赤の章」の「なりたい自分」や、「青の章」でご紹介したような「今の自分は仮の姿、本当にすべき仕事に出会えたら、本当の私を追求できる」といった例は、今の時代の「かなうことのない夢」なのかもしれません。

でも、本当に「夢中」になれる場は、「現実」の中にあります。

あなたは、決して弱い人ではありません。ここで、これまで見てきた赤と青、黄色がモードからシフトするとどうなるでしょうか。まとめてみましょう。

「赤」でシフトすれば、自分を受け容れ、愛し、さらに、人への理解が進み、思いやりをもって関わることができます。本当の愛情を交し合えるのです。

「青」のシフトでは、人生のプロセスを信頼し、心穏やかに過ごせ、自分を表現し、成長できます。いつしか、自分の目的を歩んでいると気づくでしょう。

「黄色」のシフトでは、自分の意志がはっきりし、自分は大丈夫という、自信をもって生きられます。自分が社会でシェアすれば売れる力を知っているので、お金の不安からも解放されます。

どの色のシフトでも、しなやかな強さをもっています。現実の中で、生き生きと人生を享受《きょうじゅ》できるはず。

きっと、あなたは、あなたの人生に「夢中」になれるでしょう。

## あなたのカラーで生きるために

私が学んできたイギリスのカラーケアシステム、オーラソーマ®の創始者である、ヴィッキー・ウォールさんの言葉をご紹介します。

「病気とは、くつろいでないことを指すのです。くつろぐことができたなら、病気は自ずと消えるのです」

英語で病気をdis-easeと言います。これは、分解すれば、not ease つまり、くつろいでいないことを言います。disを取ったら、easeだけが残ります。

だから、緊張しなければ、病気は消えると言う意味なのです。

緊張していないこと、流れが滞っていないこと、くつろいでいることが大切……これは病気に限らず言えるのではないでしょうか。

「今、抱えている問題には、何か思い込みや錯覚していることはないのだろうか」と振り返ってみることが、生きにくさの解決の基本原理だと書きましたが、思い込みや錯覚は、インプットとアウトプットで発生している流れを滞らせて、エネルギーを膠着させてしまいます。これが緊張につながり、自分に無理を強いることになります。

あなたの信号の色を思い出してください。今、どの信号の色か、わからなくなったなら、もう一度、この本を開いてください。

あなたの人生が、再び、流れを作り出せたら、自ずと無理がなくなっていくでしょう。

その流れを作ることが、自分に優しく、易しく生きることにつながります。

「すべてに完璧でなければ」というかのように、自分のどこが悪いのか、欠けているのか、とご相談の場でも、気にされる方が多いです。

「自己責任」を問われることも多くなった時代ですが、その一方で、都合の悪いときだけ、具合が悪くなる心の病も話題になっています。他に責任転嫁しゃすい人が増えたのも事実。

それでも、この本では、「あなたは悪くなかったのよ」とお伝えしたいのです。しかし、たとえ子供の頃のことが、生きにくさの理由になった場合でも、自分を親の被害者にしていては何も始まりません。親の責任もないわけではありませんが、そこに責任を向けることは、全く本書の意図ではありません。

あなたが生きるのが難しいと感じている理由には、きっと子供の頃の大人の反応からくる、錯覚や思い込みがあったでしょう。

自己責任は、そこからなのです。その思い込みを解放することは、あなたの責任でできることです。それはすべて、あなたが選べることだからです。


この本で、多くの方が、あなたらしく生きられるようになれたら、これに勝る喜びはありません。その時こそ、あなたの個性、つまりカラーに気づき、それを伸ばしていかれるでしょう。それこそ、魂の色なのです。

# 巻末付録

## より詳しく自分がわかるカラコロジー診断

## こころのシグナル・カラーチェックのより詳しい診断法

本文では、心を大きく左右する「赤」「青」「黄色」の3色で解説してきましたが、より詳しく知りたいという方のために、ここでは3色の割合ごとにより診断してみます。

P18～19のシグナル・カラーチェックの点数を思い出してみましょう。

各色15点満点のうち、何点でしたか。

**赤＝**［　／15点］　**青＝**［　／15点］　**黄色＝**［　／15点］

たとえば、次のように見ます（この診断はあくまでも顕著な場合ですので、厳密にやろうとせずに、点数の差がハッキリしている場合にのみ利用する程度でOKです。8点以上、点数がある場合は、その色の傾向があると考えます。6点以下は、低ポイントとしてそれほど気にする必要はありません）。

**赤が3点、青が13点、黄色が8点の場合**＝一番の高ポイントの「青」が2／3、二番目の「黄色」が1／3　＝ターコイズ

**赤が11点、青が13点、黄色が6点の場合**＝同じくらいの高ポイントが2色なので、各1／2＝紫

**赤が10点、青が8点、黄色が11点の場合**＝各色がほぼ同点と考え、各1／3＝クリア

なお、「限りなく陰に近い色」は、クリアを読んでピンとこない場合にお読みください。

これは光の後ろにできる陰の側面で、クリアな光に隠れて気づきにくい状態に関わります。

「赤」「青」「黄色」の1色だけが高ポイントの場合も、本文のまとめとして書いておきました。

モードは、その色の傾向が強い時にあらわれがちな状況、シフトはモードな状況から解放された、好転したときを表します。

## カラコロジー・色の早見表

シグナル・カラーチェックでの、総得点の中の赤・青・黄色の割合でより詳しい自分が見えてきます！

| | | |
|---|---|---|
| ●赤 | | |
| ●赤1/2・青1/2 | ⇒ | 紫 |
| ●赤2/3・青1/3 | ⇒ | マゼンタ |
| ●赤1/2・黄色1/2 | ⇒ | オレンジ |
| ●赤2/3・黄色1/3 | ⇒ | コーラル |
| ●青 | | |
| ●青1/2・黄色1/2 | ⇒ | 緑 |
| ●青2/3・黄色1/3 | ⇒ | ターコイズ |
| ●青2/3・赤1/3 | ⇒ | ロイヤルブルー |
| ○黄色 | | |
| ●黄色2/3・青1/3 | ⇒ | 黄緑(オリーブ) |
| ●黄色2/3・赤1/3 | ⇒ | ゴールド |
| ○赤1/3・青1/3・黄色1/3 | ⇒ | クリア |
| ● | | (＝限りなく陰に近い色) |

# 色の相関図

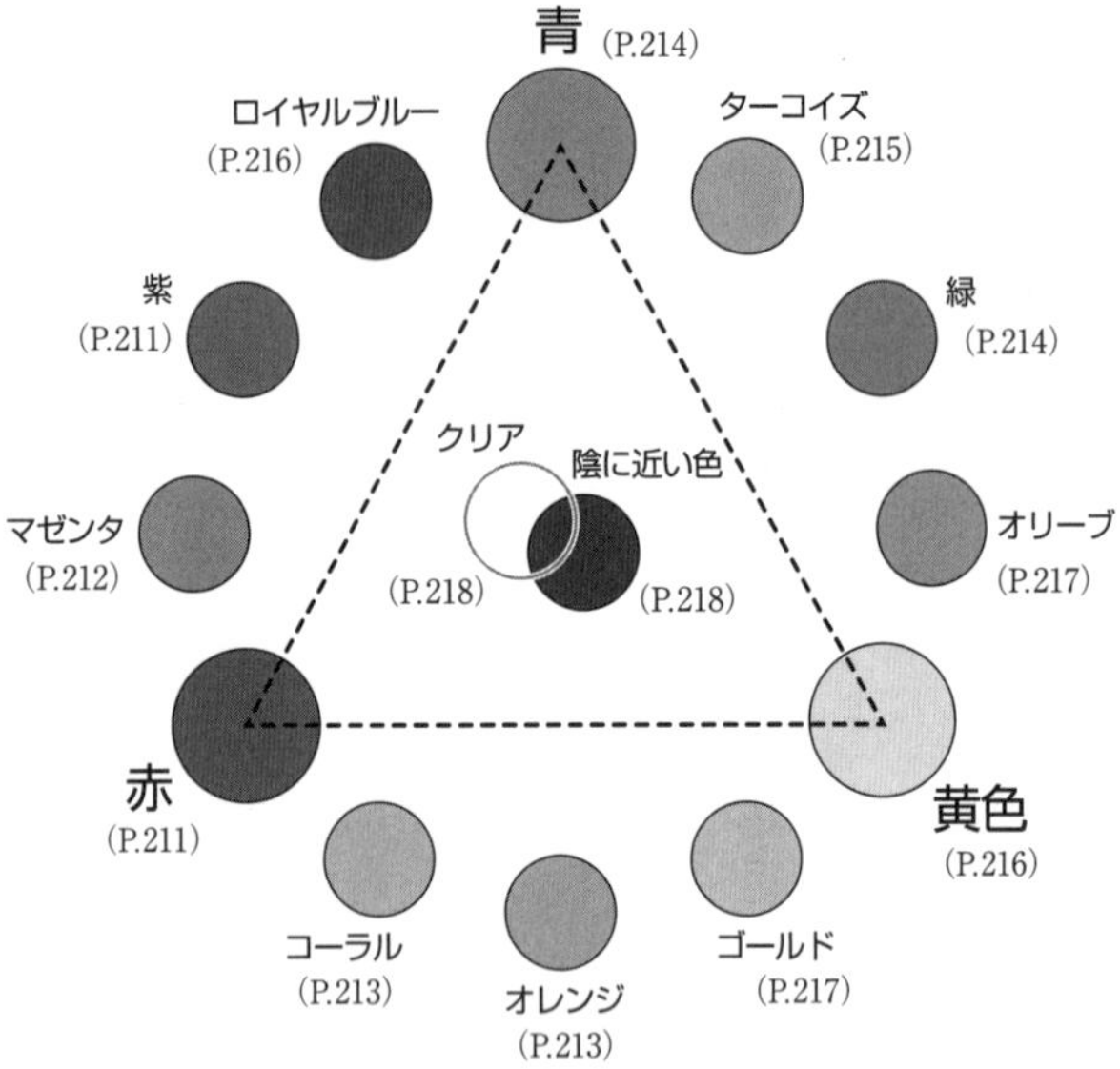


色の見本はカバーの折り返し
部分を参照してください。

## 赤

モード

Ｎｏと外に向けて言いたい性質が、「怒り」となり、他者だけでなく、自分にも向かいます。自己否定感が強い分、外に愛を求め、肯定されようと頑張りすぎる傾向があります。

シフト

自己肯定感に満たされ、自分を愛することが理解できるので、他者を愛することの意味も分かります。

## 赤１／２・青１／２＝紫

モード

自己否定（赤）が内側に残り（青）、潜在的な怒りとなって、自分に向けられる。その結果、理由もなく自分を責めて落ち込むことも。また、人生の目的を探すことにしがみつき、理想を求めて今の現実を否定すると、現実に生きることが、困難に感じられる場合も。

シフト

宇宙の流れに生かされる信頼（青）の中で、自分をＯＫできる感覚（赤）が、この人生において、自分ができることで世界に貢献できると気づき、行動していきます。

## ●赤2／3・青1／3＝マゼンタ

モード

インクのCMYのMで知られる色です。自分の持っているものにNOを言っている（赤）分、外側に理想形を求めます。青モードのしがみつく性質のためにその理想形に執着し、そうでないものはダメと、完全さを求めます。特に愛は、求めたとおりには手に入らず、自分を苦しめることに。

シフト

理想形を手放す（赤）ことで、やって来るもの、理想形と違っても、特に愛を受け取れる（青）ようになります。いつでも愛はやって来ていて、自分が退けなければ受け取れるとわかり、満たされて、自己肯定感も高まります。

## 赤1／2・黄色1／2＝オレンジ

モード

今この現実を全否定したい状況（赤）に、自分を見失うような大混乱（黄）が一緒になっている可能性があります。その状況は一過性ですが、自分の足で立てない感覚が続くと、依存的になります。

シフト

客観的に状況を捉えられ（赤）、自分を信じられる感覚（黄）が、洞察力を深めます。自分が確かである感覚が、人を否定することなく、自立して関係を築けるようになります。

## 赤2／3・黄色1／3＝コーラル

モード

赤（ピンク）の自己否定が強く、黄色で自分を裁き、自虐的になることとも。自意識過剰で傷つきやすいので、与えられる愛を受けとれないこともあります。

シフト

自分を客観視して受け容れられる（赤）と、自分が誰かに愛を与えることも、力を貸せることもあるとわかって（黄）、自分の力を人と分かち合い、助け合います。

## ●青

モード

言いたいことやイヤを言えないので、何でも受け容れるうちに、心身共にパンク状態になることも。仕事では、生きる目的探しにしがみつくような形で、かえって人生に迷うことになりがち。

シフト

人生では、必要なものは必要な時に手に入るので、そのプロセスを信頼し、何かを頑張って取り入れることや、しがみつく必要がないと大らかにかまえて生きられる。

## ●青1／2・黄色1／2＝緑

モード

人生の目的を探すが、こころの声に気づけず、人生でどの方向に進めばいいのかわからなくなることがあります。また、現状維持の欲求が、こころの声を抑え、チャンスが来ても、優柔不断になります。自信がない（黄）ので、断れない（青）と、こころのゆとりを失います。

シフト

人生のプロセスを信頼することで、やって来たものにしがみつくこともなく（青）、自分自身のこころの声に従い（黄）、チャンスに気づき、自然に生きる道を進みます。

## 青2／3・黄色1／3＝ターコイズ

モード

青の要素で受け容れることが多く、自分が何をしたいのかわからなくなっています。自分が好きなことに生きる意味を求めても、自分のこころの声がわからず、結果として人生の選択を回避しがち。

シフト

人生のプロセスを信頼し、流れに身をゆだね、この瞬間の自分のこころの声に忠実で、選んだものを楽しんで生きられる。

## 青2／3・赤1／3＝ロイヤルブルー

モード

1／3の赤が現実を否定し、人生はこうあったらいいな、と現実離れした理想形にしがみつく。自分の内側に向かうだけでなく、現実を否定し、遠ざかって、ひどく孤独になることも。

シフト

客観的に離れて見る赤の視点が、少し遠くのものに気づかせ、直感的に先を見通せ、外側との関係が作れるようになります。

## 黄色

モード

混乱し、選べない。自信がないために、自意識過剰になり、自分を裁き、緊張を招きます。自分の存在を確認するために、頑張りすぎることも。

シフト

自分は、確かな存在だとわかっていて、自分がどうしたいのか、ちゃんと選べる。他者を認め、自分も認められる。

### ●黄色2／3・青1／3＝黄緑（オリーブ）

モード

人生に踏み出そうとすると、現状にしがみつく青の要素が、こころの声に気づくことを遠ざけるので、なかなか決断できず、苦い思いをすることも。

シフト

人生のプロセスを信頼し、自分がどうすればいいのか、こころの声に従っているので直感的にわかり、迷いはなく、希望に満ちあふれている。

### ●黄色2／3・赤1／3＝ゴールド

モード

混乱に現状や自分への否定が加わるので、自分自身に混乱する。2／3の黄色の混乱に加え、1／3の赤が、外にある価値に執着させるので、自分の価値を見出すことが困難。

シフト

自分を客観的に見つめることで、自分は確かであるとわかる。

他者とかかわりながら、自分の価値を伸ばし、自信をもって成長していくことができる。

## ●赤1／3・青1／3・黄色1／3＝クリア

モード

自己否定＋表現できない＋自己不在で、自分自身が見えなくなっています。また、完璧でありたいと思っていますが、そうなれない自分とのギャップを隠したい欲求があります。

シフト

完璧でない自分を受け容れた時、自分を許せて、しがみつくものから離れ、自分を見出していくでしょう。

＝限り無く陰に近い色

モード

これは、真っ暗ではなく、かすかに光を残したところです。3色がすべて同じだけ混ざると、実際にはこんな色になります。

クリアとは、コインの裏表のような関係で、クリアが光なら、こちらは陰。イエスとノーが同居し、それだけでも混乱ですが、さらに混乱の要素が加わる状況は、一般的には、かなり、どうしていいのかわからない暗闇に入った状況です。

## シフト

すべての色の可能性を持っているので、自分を受け容れ、愛し、試練があっても、人生のプロセスだと信頼し、流れに身を任せながら、自分を成長させて、思いがけない自分を見出します。

## あとがき

思いがけず、色を使って人さまのこころの奥に触れる仕事に携わり、すでに十数年がたちました。今でも人の意識が色の質と見事につながることに、毎回、新鮮な驚きがあります。

カラコロジーでは、そんな意識と色のつながりを応用し、自分の思考と感情の傾向に気づき、魂が求めるものを色に象徴させてシフトさせます。

ご相談者と向き合っていると、人は、自分の持つ力のほんの少ししか見ていないことに気づかされます。潜在力は、抑えられているだけで、ひとたび抑えたものが外れると、一気に花が開くような変容を見せてくれるのです。

非正規雇用者が35％以上も占める時代です。私のところを訪ねてくださる方々も例外ではなく、海外での仕事経験や相当なキャリアをお持ちの方でも、ご苦労されている方がいます。潜在力が高いだけに、皆さん、納得する生き方をしたいのです。それは決して、エゴを満足させるような成功ではありません。

私が直接、お会いできる方には限界があります。今、生きづらくても、その潜在力を生かせば、思いがけないシフトが可能なことをお伝えしたくて、初めて本を書きました。そのシフト方法は、ご自分で取り組んでいただけます。

セラピストとして講師として多くの方のこころの奥の世界に触れ、理解をしようとする中で、私自身、はからずも人と関わってようやく自分になれるという体験をしました。

だからこの本は、ご縁があった方々、特に生徒さんたちのおかげでできました。

さらに、人の意識と色の関わりを教えてくださった先生方。臨床心理学や哲学、セラピーの師匠、本宮輝薫先生。本の執筆を応援してくれた友人と家族。

そして、カラコロジーの提案と編集時に3色さながらの見事な交通整理をしてくださいました青春出版社の手島智子さん。本当にお世話になりました。

最後に、この本を読んでくださった皆さま。

深く感謝申し上げます。

２０１３年7月の誕生日　　内藤　由貴子

## 参考文献

「オーラソーマ・テキスト」 レベル1・レベル2 ASIACT編
「オーラソーマ 奇跡のカラーヒーリング」 ヴィッキー・ウォール著 和尚エンタープライズジャパン
「癒されたい症候群」 本宮輝薫著 ミオシン出版
「ホリスティック・パラダイム」 本宮輝薫著 創元社
「自信が持てない人の心理学」 加藤諦三著 PHP研究所
「幸せの扉を開く 許すための81のレッスン」 マリ・ボレル著 浅岡夢二訳 ゴマ・ブックス
「子どもの心のコーチング」 菅原裕子著 PHP文庫
「中論（上） 縁起・空・中の思想」 三枝充悳訳注 レグルス文庫
「老子」 小川環樹訳注 中公文庫
「仏教聖典」 仏教伝道協会
「怒らないこと」「欲ばらないこと」「バカの理由《わけ》」 アルボムッレ・スマナサーラ著 サンガ新書
「心を整える。」 長谷部誠著 幻冬舎
「ポーの一族」1 萩尾望都著 小学館文庫

※オーラソーマ®は、英国オーラソーマ社の登録商標です。

青春文庫

モヤモヤから自由《じゆう》になる！
3色《さんしょく》カラコロジー
心《こころ》の元気《げんき》をシンプルにとり戻《もど》す

2013年 8 月20日　第 1 刷

著　者　内藤由貴子《ないとうゆきこ》
発行者　小澤源太郎
責任編集　株式会社プライム涌光
発行所　株式会社青春出版社
〒162-0056　東京都新宿区若松町 12-1
電話 03-3203-2850（編集部）
03-3207-1916（営業部）
振替番号　00190-7-98602

印刷／大日本印刷
製本／ナショナル製本
ISBN 978-4-413-09578-5

万一、落丁、乱丁がありました節は、お取りかえします。

ほんとうのあなたに出逢う ◆ 青春文庫

## 図解 損したくない人の「日本経済」入門

“お金の流れ”を知ることが
損か得かの分かれ道になる!
ビジネスヒント満載!

ライフ・リサーチ・プロジェクト［編］

(SE-576)

## 藤田寛之のゴルフ

僕が気をつけている100の基本

技術、練習方法、メンタルまで、
「アラフォーの星」が、
ゴルファーの悩みに答えます!

藤田寛之

(SE-577)

## モヤモヤから自由になる! 3色カラコロジー

心の元気をシンプルにとり戻す

［赤・青・黄色］あなたの心の信号《シグナル》は
いま、何色ですか? カラー+サイコロジーで
どんな悩みもスーッと解決します。

内藤由貴子

(SE-578)

## 進撃の巨人㊙解体全書

まだ誰も到達していない核心

壁の謎、巨人の謎、人物の謎…
ここを押さえなきゃ真の面白さは
わからない!?

巨人の謎調査ギルド

(SE-579)